谨以此书献给世界语诞生 125 周年

Omaĝe al la 125-a datreveno de Esperanto

ANTAŬEN KUN ESPERO

主　编：侯志平

外 文 出 版 社
FREMDLINGVA ELDONEJO

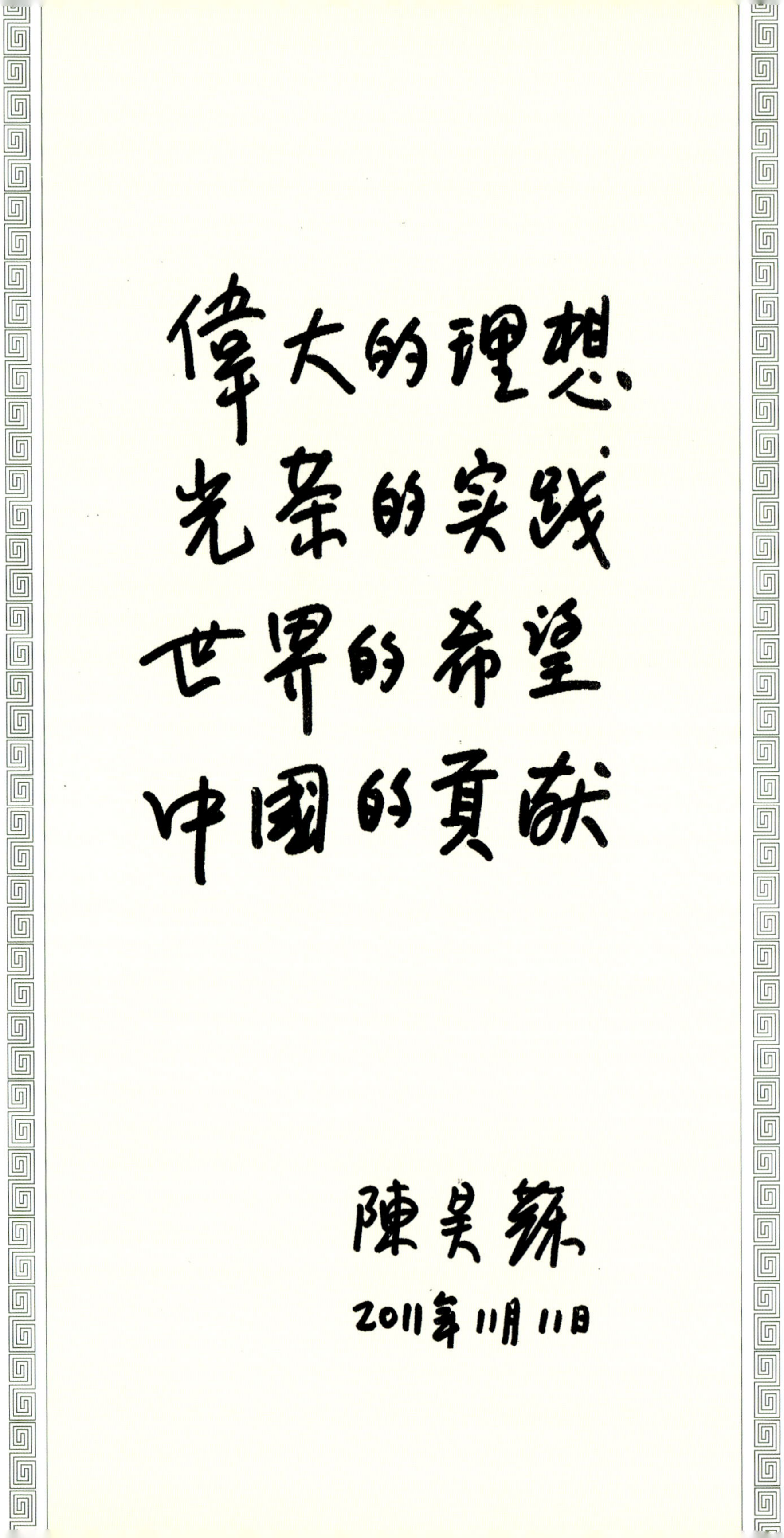

偉大的理想
光荣的实践
世界的希望
中國的貢献

陳昊蘇

2011年11月11日

中华全国世界语协会会长陈昊苏
2011 年 11 月 11 日为本书的题词：

伟大的理想

光荣的实践

世界的希望

中国的贡献

Surskribo de Chen Haosu,
prezidanto de la Ĉina Esperanto-Ligo,
por la albumo:

Granda idealo, glora praktiko,
espero de la mondo, kontribuo de Ĉinio

La 11-an de nov. 2011

与希望同行

周明伟

二〇一三年四月

中国外文局局长周明伟 2012 年 4 月为本书题写的书名：

与希望同行

Titolo de la albumo manskribita de Zhou Mingwei, estro de la Ĉina Fremdlingva Eldona kaj Distribua Buroo:

Antaŭen kun espero

Aprile de 2012

序

郭晓勇

梦想播种希望，希望收获奇迹。

120 多年以前，波兰人柴门霍夫博士就有一个梦想。这位目睹因为语言不通而造成民族之间无数隔阂、误会甚至冲突的天才语言大师创立了国际语方案——世界语，希望借助这一便于大家交流的语言，创造一个和谐的社会，和谐的地区，和谐的世界！经过几代人的努力，世界语现在已经成为世界上流传最广、使用人数最多、影响最大的人造国际辅助语，创造了人类文明史上的奇迹！

世界语为人类社会的发展和交流做出了独特贡献，成为全人类共同的财富。世界语产生之后，一代又一代的世界语者前赴后继，勇往直前，不少人甚至将自己毕生积攒的财富都献给了其衷心热爱的世界语运动，正是因为他们的无私奉献，世界语运动才达到了一个前所未有的高度。推动世界语发展是全球热爱和平、笃于友谊的世界语者的共同理想，世界语的传播过程是一个文化相互交流的过程，世界语的发展是各国世界语者将世界语理想与本国本地区的实际相结合的过程，这一结合使得世界各国的世界语运动独具特色，大放异彩，中国的世界语运动也不例外。

19 世纪末 20 世纪初，世界语从不同的渠道传入中国，为中国的民主革命和解放事业贡献了其独特的力量，在中国现代史上留下了浓墨重彩的一笔。世界语在与中国民族解放运动结合的过程中，找到了在中国的发展方向，体现了其在中国社会存在的真正价值。

1939 年，毛泽东为延安世界语展览题词："我还是这一句话：如果以世界语为形式，而载之以真正国际主义之道，真正革命之道，那末，世界语是可以学的，是应该学的。"这段话准确概括了世界语在中国革命中的作用，也充分说明，作为一项进步和正义的事业，世界语在中国得到了理解和支持。

在中国民族解放运动中，涌现了一批优秀的世界语者，如胡愈之、巴金、楚图南、叶籁士、陈原等，他们为民族解放贡献了力量，同时也成为新中国世界语运动的中流砥柱。

新中国成立后，在中国世界语运动的先驱、文化出版界领导人胡愈之的倡导下，中国各地优秀的世界语者聚集北京，创立了中华全国世界语协会和新中国第一本世界语刊物《中国报道》，成为当时中国对外宣传和交往的独特工具。在西方国家对华封锁的特殊时期，中国世界语者将民间外交工作和世界语书刊外宣工作紧密结合起来，向世界传播新中国各方面信息，为在国际社会争取对新中国和中国人民的理解与支持做出了独特贡献。

　　这一时期，涌现了一批新中国世界语运动的骨干，如张企程、冯文洛、方善境、张闳凡、李奈西、陈世德、李士俊等，他们为新中国世界语运动的发展奠定了坚实的基础。

　　1963年，时任国务院副总理陈毅在参观"世界语对外宣传工作汇报展览"后出席全国第一次世界语工作座谈会时，发表了重要讲话。他说："世界语工作我很佩服，这个部门的工作不是可有可无的，是必须做的，要大发展。"他的讲话，对中国的世界语运动给予正确指引，极大鼓舞了全国世界语者，有力推动了世界语工作。

　　在党和政府的关心和指导下，全国几代世界语者辛勤耕耘，中国的世界语运动结出了累累硕果：建立了中国世界语运动史上第一个真正的全国性世界语组织——中华全国世界语协会；创办了综合性的世界语刊物——《中国报道》；开启了全球世界语运动史上播音时间最长、覆盖面最广、持续时间最久的世界语广播——中国国际广播电台世界语广播；由各界知名人士发起成立了致力于推动世界语事业的中国世界语之友会；通过各种方式培养了一批世界语人才；出版了一批有关政治、经济、教育、科技、文化、社会以及教材、词典类的世界语书籍，大量的中国优秀文学作品通过世界语走向世界。此外，各地世界语组织也如雨后春笋般蓬勃发展，开展各具特色的地方世界语活动；当世界进入互联网时代后，一些具有影响力的世界语网站也开始在中国崛起；最值得一提的是中国世界语者所进行的频繁的国际交往，中国不仅于1986年和2004年先后举办了两届国际世界语大会，而且还多次主办区域性的国际世界语会议和专业性的国际世界语会议，并多次组团参加在国外举办的各种世界语会议，众多的世界语者走出国门，增进了中国和各国人民之间的相互了解和友谊，也促进了中外文化交流。

世界语为民间交往贡献了独特的力量，马尔滕斯、汤金、恩德比、李种永、科尔塞蒂、达什古普达等多位国际世界语协会主要领导在任期内访华。1980年，国际世界语协会吸纳中华全国世界语协会为团体会员，1983年，为表彰中华全国世界语协会取得的成绩，国际世界语协会将"费恩杯"授予中华全国世界语协会；胡愈之、巴金、陈原相继被推举为国际世界语协会荣誉监护委员会委员，李士俊、谢玉明先后当选为国际世界语学院院士，陈原、张企程、叶君健、刘铃、谭秀珠、李玉萍、邹国相、刘俊芳、戴颂恩相继担任国际世界语协会执委，于涛也曾当选为国际世界语协会领导成员。中国与国际世界语协会的合作有利于推动世界语在全世界的传播。

语言既是文化的主要载体，又是文化的重要内容。120多年的发展历程不仅充分证明，世界语是人类文明的重要成果，是促进和平、发展、合作的有效工具，同时也表明，120多年的栉风沐雨、砥砺奋进已经成就了奇迹与辉煌，已经是骄人的成功。《与希望同行——世界语运动在中国》一书，用图片记录了世界语运动在中国的发展轨迹，展现了世界语在中国生根、成长、开花、结果的全过程，是一本了解中国世界语运动史不可多得的重要文献。

2011年，中华全国世界语协会度过了她的60华诞，今年又是世界语诞生125周年，在新世纪、新阶段，中国的世界语者将继续向国际世界语界介绍中国的和平发展道路，传播中国和谐世界的理念，同各国世界语者一道，继续为实现世界和平、人类进步和国际语理想做出不懈的努力。

路漫漫其修远兮……

让我们唱着《希望之歌》，永远与希望同行！

2012年6月于北京

（作者系中国外文局常务副局长、
中华全国世界语协会第一副会长）

ANTAŬPAROLO

Guo Xiaoyong*

Revo vekas esperon kaj espero kreas miraklon.

Antaŭ pli ol 120 jaroj, pola doktoro Zamenhof havis revon, kaj vidinte multajn obstaklojn, miskomprenojn kaj eĉ konfliktojn inter nacioj kaŭzitajn de lingvaj diferencoj, tiu genia lingva majstro kreis projekton de la internacia lingvo Esperanto, kun la espero krei harmonian socion, harmonian regionon kaj harmonian mondon per la helpo de la lingvo faciliganta la komunikadon de la popoloj. Dank' al la klopodado de pluraj generacioj, hodiaŭ Esperanto jam fariĝis artefarita internacia helpa lingvo, kiu havas plej multajn uzantojn kaj plej grandan influon en la mondo, kaj kreis miraklon en la historio de la homa civilizacio.

Esperanto faris specifan kontribuon al la disvolvado kaj interfluo de la homa socio kaj fariĝis komuna riĉaĵo de la homaro. Post la naskiĝo de Esperanto, la esperantistoj brave bataladis generacion post generacio, iuj eĉ oferis la tutan valoraĵon akumulitan dum sia vivo al sia amata Esperanto-movado, kaj ĝuste pro ilia malegoismo kontribuado la movado atingis senprecedencan alton. Antaŭenpuŝi la Esperanto-movadon estas la komuna deziro de pacamaj kaj poramikecaj esperantistoj de la tuta mondo, la disvastigo de Esperanto estas ankaŭ procezo de kultura interfluo, kaj la disvolviĝo de Esperanto estas procezo de la kombinado de la Esperanta idealo fare de diverslandaj esperantistoj kun la realo de la propraj landoj, kaj tiu kombinado formis la brilajn specifajn karakterizaĵojn de la landa Esperanto-movado. En tiu aspekto, la Esperanto-movado de Ĉinio ne prezentas escepton.

Je la fino de la 19-a kaj la komenco de la 20-a jarcento, Esperanto venis en Ĉinion tra diversaj kanaloj kaj faris sian specifan kontribuon al la ĉinaj demokratia revolucio kaj naciliberigo, kaj verkis rimarkindan paragrafon en la ĉina moderna historio. En sia kombiniĝo kun la ĉina naciliberiga movado Esperanto trovis sian disvolviĝan direkton en Ĉinio kaj enkorpigis sian veran valoron de ekzistado en la ĉina socio.

En sia surskribo por la Esperanto-ekspozicio en Jan'an en 1939 Mao Zedong diras: "Mi ankoraŭ diras la samon: Se ni prenas Esperanton kiel formon por porti veran internaciismon kaj veran revoluciismon, do Esperanto estas lerninda kaj lernenda." Tiuj vortoj resumis la rolon de Esperanto en la ĉina revolucio kaj plene montras, ke Esperanto, kiel progresema kaj justa afero, ricevis komprenon kaj subtenon en Ĉinio.

En la ĉina naciliberiga movado, aperis nombro da eminentaj esperantistoj, kiel Hujucz, Bakin, Chu Tunan, Ĵelezo (Ye Laishi), Chen Yuan k. a., kiuj faris kontribuon al la naciliberigo kaj fariĝis kolonoj de la Esperanto-movado de la nova Ĉinio.

Tuj post fondo de la nova Ĉinio, sub la gvido de la pioniro de la ĉina Esperanto-movado kaj gvidanto de la kultura kaj eldona rondoj Hujucz, kolektiĝis en Pekino elstaraj esperantistoj el diversaj lokoj kaj fondis la Ĉinan Esperanto-Ligon kaj eldonis la unuan Esperanto-gazeton de la nova Ĉinio *El Popola Ĉinio*, kiu fariĝis siatempe specifa informilo por konigi Ĉinion internacie. Dum la blokado de okcidentaj landoj al Ĉinio, ĉinaj esperantistoj liveris diversajn informojn pri Ĉinio al la mondo, kombinante popolajn diplomatiajn aktivadojn kun eldonado de la gazeto kaj libroj, kaj faris specifan kontribuon por akiri komprenon kaj subtenon de la internacia socio al la nova Ĉinio kaj la ĉina popolo.

En tiu periodo, aperis aro da novaj motoroj de la ĉina Esperanto-movado kiel Zhang Qicheng, Venlo Fon, Tikos, Honfan, Li Naixi, Zensto, Laŭlum k. a. kiuj metis solidan fundamenton por la disvolviĝo de la Esperanto-movado de la nova Ĉinio.

En la jaro 1963, vicĉefministro Chen Yi partoprenis la Unuan Ĉinan Esperanto-laborkunsidon, post rigardo de la Ekspozicio pri la Informa Laboro de Esperanto, kaj faris gravan paroladon. Li diris: "Mi admiras la Esperanto-laboron, kaj tiu ĉi laboro ne estas malgrava, sed nepre farenda kaj forte disvolvenda." Liaj vortoj donis ĝustan orientadon al la ĉina Esperanto-movado kaj multege kuraĝigis la ĉinajn esperantistojn kaj forte antaŭenpuŝis la Esperanto-laboron.

Sub la zorgo kaj gvidado de la Komunista Partio de Ĉinio kaj la registaro, kaj dank' al diligenta kultivado de la esperantistoj plurgeneraciaj, la ĉina Esperanto-movado donis abundajn fruktojn: fondiĝis la unua vere tutlanda Esperanto-organizo la Ĉina Esperanto-Ligo, eldoniĝis la sinteza Esperanto-gazeto *El Popola Ĉinio*, ekfunkciis E-disaŭdigo de la Ĉina Radio Internacia, la plej longdaŭra kaj plej vaste ampleksanta en la historio de la tutmonda Esperanto-movado, fondiĝis la Ĉina Societo de Amikoj de Esperanto iniciatita de famuloj diversrondaj, en diversaj manieroj elbakiĝis multaj Esperanto-laborantoj kaj eldoniĝis granda nombro da Esperantaj libroj pri politiko, ekonomio, edukado, sciencoj, kulturo, kaj sociologio krom Esperantaj lernolibroj kaj vortaroj. Granda nombro da ĉinaj eminentaj literaturaj verkoj estis konataj de la mondo pere de Esperanto. Kaj krome, multaj lokaj Esperanto-organizoj aperis kiel fungoj post pluvo, kaj faris Esperanto-aktivadojn kun lokaj karakterizaĵoj. Kiam nia mondo eniris en la epokon de interreto, ankaŭ en Ĉinio aperis influhavaj Esperanto-retejoj. Plej menciindaj estas la oftaj internaciaj aktivadoj de la ĉinaj esperantistoj. Ni ne nur gastigis UK en la jaroj 1986 kaj 2004, sed ankaŭ okazigis plurajn regionajn kaj fakajn internaciajn kunvenojn, kaj multfoje sendis delegaciojn al internaciaj Esperanto-kongresoj en diversaj landoj, kaj multaj ĉinaj esperantistoj iris alilanden, kio akcelis la interkomprenon, amikecon kaj kulturan interfluon inter la ĉina kaj alilandaj popoloj.

Esperanto faris sian specifan kontribuon en la popola diplomatio. S-roj G. Maertens, H. Tonkin, K. Enderby, Lee Chong-Yeong, R. Corsetti, P. Dasgupta k. a. ĉefaj gvidantoj de UEA vizitis Ĉinion. En 1980 UEA akceptis ĈEL kiel aligitan landan asocion. En 1983, UEA aljuĝis la Trofeon Fyne al ĈEL pro ĝiaj rimarkindaj atingoj. Hujucz, Bakin kaj Chen Yuan estis elektitaj kiel membroj de la Honora Patrona Komitato de UEA, Laŭlum kaj Xie Yuming estis elektitaj kiel membroj de la Akademio de Esperanto, Chen Yuan, Zhang Qicheng, Chun-chan Yeh (Ye Junjian), Liu Ling, Tan Xiuzhu, Li Yuping, Zou Guoxiang, Liu Junfang kaj Dai Song'en funkciis kiel komitatanoj de UEA, kaj Yu Tao estis elektita kiel estrarano de UEA. La kunlaboro inter ĈEL kaj UEA utilas al disvastigo de Esperanto tra la mondo.

Lingvo estas ĉefa portanto de kulturo kaj ankaŭ ĝia grava konsistiga parto. La evoluado de Esperanto dum pli ol 120 jaroj plene montras al ni, ke Esperanto estas grava frukto de la homa civilizacio kaj efika instrumento por akceli pacon, progreson kaj kunlaboradon, kaj strebado de la esperantistaro dum la pli ol 120 jaroj jam atingis miraklan kaj brilan sukceson fierindan. Per siaj fotoj tiu ĉi albumo *Antaŭen kun Espero — pri la Ĉina Esperanto-movado* registris la disvolviĝan spuron de la Esperanto-movado en Ĉinio, prezentas la tutan procezon de ĝia enradikiĝo, kreskado, disfloro kaj fruktodono kaj estas grava verko por koni la ĉinan Esperanto-movadon.

En la jaro 2011, la Ĉina Esperanto-Ligo celebris sian 60-jariĝon kaj ĉi-jare estas la 125-a datreveno de Esperanto, kaj en la nova stadio de la nova epoko, la ĉinaj esperantistoj daŭre informados al la monda esperantistaro pri la paca disvolviĝo de Ĉinio kaj ĝia strebado por harmonia mondo, kaj senlace klopodados kune kun siaj alilandaj samideanoj por realigo de paco de la mondo, progreso de la homaro kaj idealo de la internacia lingvo.

Ja tre longas nia vojo...

Ni kune kantu la Esperon kaj marŝu antaŭen kun espero!

Junie de 2012, en Pekino

* Vicestro de la Ĉina Fremdlingva Eldona kaj Distribua Buroo
kaj la unua vicprezidanto de la Ĉina Esperanto-Ligo

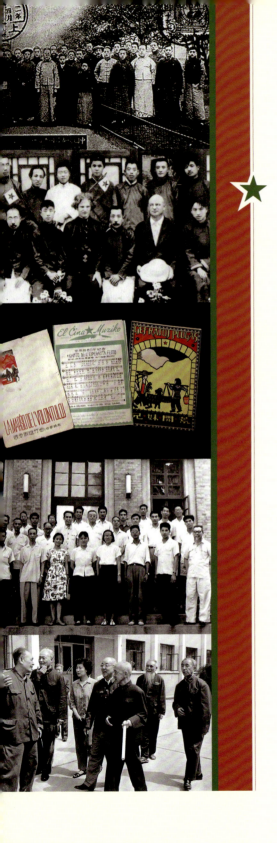

目 录

ENHAVO

中国早期的世界语运动

LA FRUA PERIODO DE LA ĈINA ESPERANTO-MOVADO

世界语大约是在 20 世纪初传入中国的，确切的年代虽然尚待进一步考证，但到 2011 年为止，实际传入中国的年限已超过百年。一百多年来，中国的世界语者历经坎坷，始终与祖国同呼吸、共命运，不断推动世界语运动在中国的发展。

Esperanto venis en Ĉinion je la komenco de la dudeka jarcento, kvankam la preciza dato ankoraŭ bezonas esploradon por certiĝo, tamen tio certe okazis je pli ol cent jaroj antaŭ la jaro 2011. Dum la pasintaj pli ol cent jaroj, la ĉinaj esperantistoj senĉese disvolvis la Esperanto-movadon en Ĉinio, dividante la saman sorton kun la patrolando.

1 三个渠道将世界语引进中国
Esperanto venis en Ĉinion tra tri vojoj

中国现代水墨人物画一代宗师
蒋兆和所作的柴门霍夫肖像
Portreto de L. L. Zamenhof,
pentrita de Jiang Zhaohe,
majstro de moderna tuĉpentro
pri homfiguroj en Ĉinio

N.A. 喀则－吉列
N. A. Kazi-Girej

史料表明，世界语是通过三个渠道传入中国的：一是俄罗斯。20世纪初，在哈尔滨工作和经商的俄罗斯人将世界语带到哈尔滨，使哈尔滨成为中国接触世界语最早的城市之一。据俄罗斯世界语者 A. Sidorov 和 A. Titajev 研究，1898 年到 1903 年修建中东铁路时俄罗斯总工程师 N. A. 喀则－吉列先生就是当时一名热心的世界语者。由于他长期不懈地宣传推广世界语，哈尔滨人对世界语的兴趣与日俱增，一些人参加了世界语的学习，并成立了满洲世界语协会，N. A. 喀则－吉列先生当选为第一任主席。1910 年世界语协会已经拥有近 50 名成员。1909 年 12 月，在世界语的创始人柴门霍夫 50 岁生日到来时，满洲世界语协会还向他发去了贺电，表达了中国世界语者对他的崇敬和祝福。

此外，还有另一位俄罗斯人将世界语带到上海，陆式卿等人参加了学习。1906 年陆式卿组织上海世界语学社，同时创办世界语夜校，并与国外的世界语者建立了通信联系。1909 年他与盛国成等人发起成立中国世界语会，这是中国世运史上第一个以"中国"命名的全国世界语团体，从此，世界语便从上海走向全国各地。

二是日本。1907 年在日本学习的中国留学生刘师培、张继、景梅九、钱玄同等人向无政府主义者大杉荣先生学习世界语，并在东京出版《衡报》和《天义报》，一方面宣传无政府主义，一方面宣传世界语。1908 年，刘师培等人回国，在上海曾创办过世界语传习所，但时间不长。

1913 年上海世界语学社发行的世界语明信片
Poŝtkarto eldonita de la Ŝanhaja Esperantista Grupo en 1913

Historia literaturo montras, ke Esperanto venis en Ĉinion tra tri vojoj: La unua estis el Rusio. Je la komenco de la dudeka jarcento, rusoj laborantaj kaj komercantaj en Harbino portis Esperanton en la urbon kaj sekve ĝi fariĝis unu el la ĉinaj urboj kiuj plej frue konis Esperanton. Laŭ studo de rusaj esperantistoj A. Sidorov kaj A. Titajev, rusa ĉefinĝeniero Nikolaj Aleksandroviĉ Kazi-Girej en konstruado de la mezorienta fervojo dum la periodo 1898-1903 estis fervora esperantisto. Dank' al lia longa kaj senĉesa propagando kaj disvastigo de Esperanto, kreskadis la intereso de Harbin-anoj por Esperanto kaj iuj el ili partoprenis lernadon de la lingvo kaj fondis la Manĉuran E-Societon; la ĉefinĝeniero estis elektita kiel ĝia unua prezidanto. En 1910, tiu asocio jam havis ĉ. 50 membrojn. Okaze de la 50-a datreveno de la naskiĝo de Zamenhof, iniciatinto de Esperanto, la asocio sendis al li gratulan telegramon por esprimi estimon kaj bondeziron de la ĉinaj esperantistoj.

Kaj krome, alia ruso kondukis Esperanton al la ĉina urbo Ŝanhajo kaj Lu Ĉiĉin kaj aliaj eklernis de li Esperanton. En 1906, Lu Ĉiĉin fondis la Ŝanhajan Esperantistan Grupon kaj samtempe ankaŭ la Vesperan Esperanto-Lernejon kaj komencis korespondi kun alilandaj esperantistoj. En 1909 li, Sheng Guocheng k. a. kune fondis la Ĥinan Esperanto-Asocion, kiu estis la unua Esperanto-organizo kun la epiteto "ĉina". Kaj post tio, Esperanto iris de Ŝanhajo al diversaj lokoj de Ĉinio.

1914 年陆式卿手书的从上海寄出的明信片
Poŝtkarto skribita kaj sendita de Lu Ĉiĉin en Ŝanhajo en 1914

La dua vojo estis el Japanio. En 1907 ĉinaj studentoj en Japanio Liu Shipei, Zhang Ji, Qian Xuantong k. a. eklernis Esperanton de japana anarkiisto Oosugi kaj eldonis en Tokio la periodaĵojn *Egaleco* kaj *Justeco* por propagandi anarkiismon kaj Esperanton. En 1908, Liu Shipei kaj aliaj esperantistoj revenis al Ĉinio kaj fondis en Ŝanhajo la Esperantan lernejon, kiu tamen nelonge funkciis.

张继
Zhang Ji

刘师培（右四）和他的妻子何震（右二）
Liu Shipei (la 4-a de dekstre) kaj lia edzino He Zhen (la 2-a de dekstre)

大杉荣
Oosugi

三是西欧。1905 年，许论博留学法国，在留学期间学习世界语。1910 年回国后在广州开班，传授世界语，培养了刘师复、黄尊生、区声白等知名世界语者。1912 年他与刘师复创建广州世界语学会，从此广州逐渐成为中国世界语运动比较发达的城市之一。

La tria vojo estis el Eŭropo. En 1905 Xu Lunbo (Hsu W. K.) studis en Francio kaj lernis Esperanton. Li revenis al Ĉinio en 1910 kaj fondis Esperanto-kurson en Kantono kaj elbakis la famajn esperantistojn Liu Shifu, Huang Zunsheng (Kenn Wong), Ou Shengbai (Sinpak Aŭ) k. a. En 1912 li kaj Liu Shifu fondis la Kantonan Esperanto-Asocion, kaj de tiam Kantono fariĝis unu el la ĉinaj urboj kun relative prospera Esperanto-movado.

刘师复一生不遗余力地宣传推广世界语，为广东世界语运动做出了重大贡献。

Liu Shifu plenenergie disvastigis Esperanton dum sia vivo kaj faris grandan kontribuon al la E-movado en Guangdong-Provinco.

许论博　Xu Lunbo

黄尊生创办广州世界语讲习所，为广东培养了许多世界语人才，他经常活跃在国际舞台，是我国第一个世界语学院院士。

Huang Zunsheng fondis la Kantonan Esperanto-Instituton, elbakis multajn kapablajn esperantistojn kaj ofte aktivadis internacie. Li estis la unua ĉina membro de la Akademio de Esperanto.

1910 年许论博（中）与广州世界语学会举办的第一届世界语讲习班学员们合影。

Xu Lunbo (meze) kaj lernantoj de la unua Esperanto-kurso de la Kantona E-Asocio en 1910.

在欧洲学习世界语的还有一批留学生。1907 年，留法学生吴稚晖、李石曾、褚民谊和当时中国驻法使馆商务随员张静江一起学习世界语，并在巴黎创办无政府主义刊物《新世纪》中文周刊，大力提倡世界语。

1908 年留英学生杨曾诰开始学习世界语，经常给国内友人寄赠世界语书刊，并编写了《万国新语》等书介绍世界语。同年蔡元培先生在德国自学世界语。1909 年，留法学生华南圭在巴黎创办《中国语世界语科学文学杂志》，用世界语、中文对照介绍科学知识和文学作品，也同时在国内发行，在他们的影响下，国内一批青年开始学习世界语。这批留学欧洲的学生回国后也热心世界语的传播。

在这一时期，随着各种新思潮的传播，世界语运动在中国得到了较快的发展。1911 年，奉天（沈阳）开办了世界语学校，同年，由林振翰编译的《汉译世界语》课本出版。

吴稚晖、张静江、李石曾合影。
Wu Zhihui, Zhang Jingjiang (meze) kaj Li Shizeng (dekstre)

华南圭
Hua Nangui

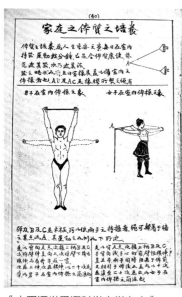

《中国语世界语科学文学杂志》

Ĥina-Esperanta Scienca Literatura Revuo

曾在北京译学馆学习的林振翰

Lin Zhenhan studanta en la Pekina Traduka Instituto

En Eŭropo troviĝis ankoraŭ aliaj lernantoj de Esperanto inter la ĉinaj studentoj. En 1907 Wu Zhihui, Li Shizeng, Chu Minyi kaj Zhang Jingjiang, komerca komisiito en la ĉina ambasadejo en Francio, kune lernis Esperanton kaj eldonis la ĉinlingvan gazeton anarkiistan *La Tempoj Novaj* por propagandi Esperanton.

En 1908, Yang Zenggao, ĉina studento en Britio, eklernis Esperanton. Li ofte sendis esperantaĵojn al amikoj en Ĉinio kaj verkis libron *Nova Universala Lingvo* por diskonigi Esperanton. En la sama jaro, Cai Yuanpei memlernis Esperanton en Germanio. En 1909, Hua Nangui, ĉina studento en Francio, fondis en Parizo la gazeton *Ĥina-Esperanta Scienca Literatura Revuo* en Esperanto kaj la ĉina lingvo por prezenti sciencajn sciojn kaj literaturaĵojn; ĉar ĝi distribuiĝis ankaŭ en Ĉinio, do nombro da junuloj eklernis Esperanton sub ĝia influo. Tiuj studentoj ankoraŭ daŭrigis sian aktivadon por disvastigi Esperanton post sia reveno al la patrolando.

En tiu periodo, la Esperanto-movado en Ĉinio disvolviĝis relative rapide, sekve de disvastiĝo de diversaj novaj pensoj. En 1911 Esperanto-lernejo ekfunkciis en la urbo Mukdeno (nun Shenyang), kaj samjare, Lin Zhenhan eldonis sian lernolibron *Internacia Lingvo Ĉinigita*.

1912 年，中国世界语会改组成中华民国世界语会。据说，当时的会员有 300 多人。该会在上海设立中央事务所，推举陆式卿、盛国成为国际世界语协会的正、副代表。中央事务所下设世界语函授部，函授学员遍布各地，同时还在广州、常熟、泉州等地设立了分所。1912 年中国社会党创建北京世界语协会，并开班教授世界语。长沙、杭州、株州等城市也纷纷建立世界语学社和世界语讲习班、传播站等。

1913 年，刘师复在广州创办《民声》杂志。该刊主要宣传无政府主义思想，但用四分之一的篇幅宣传世界语，产生了广泛的影响。

这一年台湾成立了世界语协会。1914 年，澳门和香港也出现了世界语的专门组织。

1916 至 1919 年，当时有名的《新青年》杂志曾就学习世界语有没有用、世界语在国际交往中能否像民族语一样发挥交际功能、世界语有没有前途等问题开展过一场激烈的辩论。中国共产党的创始人之一的陈独秀、著名作家鲁迅等人发表文章，热情支持世界语的传播，大大推动了世界语在一些城市的推广。

《民声》杂志

La revuo *La Voĉo de la Popolo*

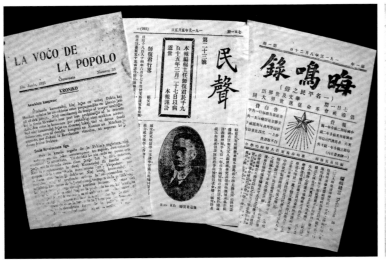

1926 年台湾世界语者学会会刊《绿荫》杂志

La gazeto *La Verda Ombro*, organo de la Tajvana Esperantisto-Asocio

陈独秀

Chen Duxiu

《新青年》杂志

La gazeto *Nova Junularo*

En 1912, la Ĥina Esperanto-Asocio estis reorganizita kaj fariĝis la Esperanta Asocio de la Ĉina Respubliko. Laŭdire ĝi havis pli ol 300 membrojn. Tiu asocio havis Centran Oficejon en Ŝanhajo kaj Lu Ĉiĉin kaj Sheng Guocheng estis elektitaj kiel ĉefdelegito kaj vicdelegito de la Universala Esperanto-Asocio. Sub la Centra Oficejo funkciis la Sekcio de Koresponda Lernejo, kies lernantoj troviĝis en diversaj lokoj, kaj samtempe fondiĝis en Kantono, Changshu kaj Quanzhou ĝiaj filiaj oficejoj. En 1912, la Ĉina Sociala Partio fondis la Pekinan Esperanto-Asocion kaj funkciigis E-kurson. Ankaŭ en Changsha, Hangzhou, Zhuzhou kaj aliaj urboj fondiĝis lernejoj, kursoj kaj propagandaj stacioj de Esperanto.

En 1913, Liu Shifu fondis en Kantono la gazeton *La Voĉo de la Popolo*, kiu propagandis ĉefe anarkiismon, tamen kvarono de ĝi estis dediĉita por propagandi Esperanton kaj havis vastan influon.

En tiu jaro fondiĝis la Tajvana Esperantisto-Asocio. Kaj en 1914 ankaŭ en Makao kaj Hongkongo aperis Esperantaj organizoj.

De 1916 ĝis 1919, en la fama gazeto *Nova Junularo* iris varma debato pri la demandoj ĉu estas utile lerni Esperanton, ĉu Esperanto estas same uzebla en internacia komunikado kiel la naciaj lingvoj, ĉu Esperanto havas estontecon k. a. Chen Duxiu, unu el la fondintoj de la Komunista Partio de Ĉinio (KPĈ), fama verkisto Lusin kaj aliaj verkis artikolojn por varme subteni Esperanton, kaj tio forte akcelis la disvastigon de Esperanto en ĉinaj urboj.

2 一批知名人士倡导世界语
Multaj famuloj subtenis Esperanton

蔡元培
Cai Yuanpei

孙国璋
Sun Guozhang

在上世纪初，一批留学生如蔡元培、张静江、张继、吴稚晖、鲁迅、周作人等人学习了世界语。有的人虽然未学习过世界语，但对世界语的世界大同、人类一家的理想，也表示赞同，如中国民主革命先驱孙中山、陈独秀等人。由于有上述两部分人的提倡，使世界语在中国逐步传播开来。

中国著名的民主革命家、教育家蔡元培对世界语情有独钟，对推广世界语是不遗余力的。1912 年他担任中华民国首任教育总长后，就下令在全国师范学校开设世界语选修课。1917 年蔡元培担任北京大学校长以后，决定将世界语列为该校部分文科专业的选修课，并聘请孙国璋先生担任世界语讲师。1922 年，他又邀请俄国著名盲诗人爱罗先珂到北京大学教授世界语。之后，为了加强对世界语的研究，北京大学成立了世界语研究会，蔡元培亲自兼任会长。1923 年，他同吴稚晖等人一起创办了北京世界语专门学校，为北京和全国培养了一批世界语运动骨干。1924 年，蔡元培还代表中国出席了在维也纳举行的第 16 届国际世界语大会。在大会期间，他亲眼看到了世界语在增进各国人民之间的友谊和相互了解方面所发挥的作用。回国后，他更加热心于世界语的推广。

En la komenco de la lasta jarcento, nombro da ĉinaj studentoj en aliaj landoj, kiel ekzemple Cai Yuanpei, Zhang Jingjiang, Zhang Ji, Wu Zhihui, Lusin, Zhou Zuoren k. a. lernis Esperanton. Iuj, kiel ĉinaj demokratiaj revoluciaj pioniroj Sun Yatsen, Chen Duxiu k. a., kiuj ne lernis Esperanton, tamen aprobis ĝian idealon de granda monda familio kaj homaranismo. Kaj dank' al pledado de tiuj du grupoj de personoj, Esperanto iom post iom disvastiĝis en Ĉinio.

Ĉina demokratia revoluciisto kaj pedagogo Cai Yuanpei aparte inklinis al Esperanto kaj disvastigis ĝin plenenergie. En 1912, post kiam li fariĝis la unua eduka ministro de la Ĉina Respubliko, li dekretis, ke la ĉinaj normalaj lernejoj fondu fakultativajn kursojn Esperantajn. En 1917, kiam li fariĝis rektoro de la Pekina Universitato, li starigis fakultativajn kursojn de Esperanto en iuj fakultatoj de la homaj sciencoj kaj invitis Sun Guozhang kiel Esperantan lektoron. Kaj en 1922, li invitis la faman rusan blindan poeton Vasilij Eroŝenko instrui Esperanton en la universitato. Kaj poste por plifortigi la studadon de Esperanto, fondiĝis en la universitato Esperanto-Instituto kaj s-ro Cai persone laboris kiel ĝia estro. En 1923, kune kun Wu Zhihui kaj aliaj li fondis la Pekinan Esperanto-Kolegion, kiu elbakis nombron da Esperantaj aktivuloj por Pekino kaj la tuta lando. En 1924, Cai Yuanpei ĉeestis la 16-an Universalan Kongreson de Esperanto en Vieno kiel reprezentanto de Ĉinio, kaj dum la Kongreso li propraokule vidis la viglan rolon de Esperanto en akcelado de la amikeco kaj interkompreno de la popoloj. Post sia reveno de la Kongreso, li pli entuziasme disvastigis Esperanton.

爱罗先珂（前排右四）除教学外，还经常参加北京的世界语活动。1922 年他与北京世界语学会的同志合影留念（前排右三为鲁迅，左三为周作人）。

Krom instruado de Esperanto, V. Eroŝenko ankaŭ ofte partoprenis Esperantajn aktivadojn en Pekino. Jen la foto pri la Pekina E-Asocio en 1922: Lusin (la 3-a de dekstre), V. Eroŝenko (la 4-a de dekstre), Zhou Zuoren (la 3-a de maldekstre).

1923 年北京世界语专门学校举行开学典礼后留影。

Foto farita post la malfermo de la Pekina Esperanto-Kolegio en 1923

鲁迅
Lusin

中国现代文学奠基人鲁迅先生也是支持世界语的知名人士之一。早年鲁迅曾在《新青年》杂志上以《渡河与引路》为题，谈了他支持世界语的看法。后来他答应到北京世界语专门学校免费教授《中国小说史略》，使学习世界语的人更多。1923 年 6 月，鲁迅曾亲自将一笔款项捐赠给北京世界语专门学校，以后，又多次资助上海世界语者协会和世界语杂志《世界》。

中国著名的社会活动家、出版家胡愈之是中国世界语运动的奠基人和杰出领导人。早在 1920 年他便同陆式卿、在中国工作的俄罗斯世界语者斯托帕尼等人重新组织上海世界语学会。这个学会举办了世界语函授学校，建立了世界语图书馆，开设了世界语书店，以后又创办了《绿光》杂志，使上海成为中国世界语运动的中心。

Lusin, fondinto de la ĉina moderna literaturo, estis unu el la famuloj kiuj subtenis Esperanton. Pli frue en la gazeto *Nova Junularo* li parolis pri sia subteno de Esperanto en la artikolo "Transiro de Rivero kaj Vojgvidado". Kaj poste, li konsentis instrui senpage la kurson pri la historio de la ĉinaj noveloj kaj romanoj en la Pekina Esperanto-Kolegio, kio altiris pli multe da homoj al la lernado de Esperanto. En junio de 1923, li donacis sumon da mono al la kolegio, kaj poste li plurfoje monhelpis la Ŝanhajan Esperantistan Ligon kaj la E-gazeton *La Mondo*.

Ĉina fame konata socia aktivulo kaj eldonisto Hujucz (Hu Yuzhi) estis la fondinto kaj elstara gvidanto de la ĉina Esperanto-movado. Frue en 1920 li jam reorganizis la Ŝanhajan Esperantan Asocion kune kun Lu Ĉiĉin kaj la rusa esperantisto V. Stopani k. a. Tiu asocio fondis korespondan lernejon de Esperanto kaj Esperantan bibliotekon, funkciigis Esperantan librejon, kaj poste ankaŭ eldonis la gazeton *La Verda Lumo* kaj tiel faris la urbon Ŝanhajo la centro de la ĉina Esperanto-movado.

斯托帕尼于 1920 年寄往荷兰阿姆斯特丹的实寄封，上面盖有上海世界语学会的印章。
Letero de V. Stopani sendita al Amsterdamo kun stampo de la Ŝanhaja Esperanto-Asocio.

胡愈之
Hujucz

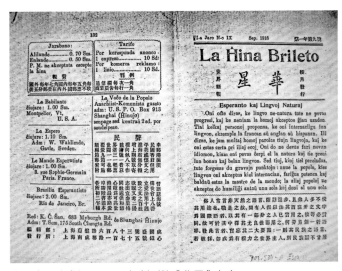

盛国成、陆式卿于 1916 年创刊的《华星》杂志
La gazeto *La Ĥina Brileto* fondita de Sheng Guocheng kaj Lu Ĉiĉin

在上世纪 20 年代，广州的世界语运动也是比较活跃的，这得力于广州市教育局长伍大光的支持。当时在市内建立了广州世界语师范讲习所、广州世界语学会。全市有中山大学、岭南大学等 20 多所大、中学校先后将世界语列为选修课。后来，广州世界语学会还组织世界语巡回教授团到各学校、机关传授世界语。这种兴旺的景象一直延续到 20 世纪 30 年代中期抗战爆发之前。

1929 年巴金（后排左一）与上海世界语学会的负责人和奥地利世界语者 Ebner（前排右二）的合影。
Bakin (Ba Jin, la 1-a de maldekstre en la posta vico) kaj estraranoj de la Ŝanhaja Esperanta Asocio kun aŭstra esperantisto Ebner (la dua de dekstre en la unua vico).

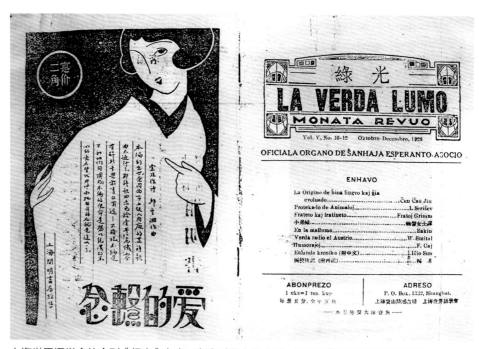

上海世界语学会的会刊《绿光》杂志，在当时以内容丰富、出版时间长而享誉世界语界。
La gazeto *La Verda Lumo*, organo de la Ŝanhaja Esperanto-Asocio, longe aperadis kun riĉa enhavo kaj estis tre renoma en la Esperantujo.

上世纪 20 年代在哈尔滨出版的世界语杂志《东方》

La gazeto *Oriento* eldonita en Harbino en la dudekaj jaroj de la pasinta jarcento

Ankaŭ en la suda urbo Kantono, en la dudekaj jaroj de la lasta jarcento, la Esperanto-movado estis relative vigla dank' al forta subteno de Wu Daguang, estro de la Kantona Eduka Buroo. En tiu tempo, funkciis en la urbo la Kantona Esperanto-Instituto kaj la Kantona Esperanto-Asocio. Pli ol 20 mezlernejoj kaj superaj lernejoj, inkluzive de la Zhongshan-Universitato, Lingnan-Universitato, fondis fakultativan kurson de Esperanto. Kaj poste, la Kantona E-Asocio ankaŭ organizis migran instruan grupon por instrui Esperanton en oficejoj kaj lernejoj. Tiu prospero daŭris de la dudekaj jaroj ĝis la tridekaj jaroj antaŭ la eksplodo de la Kontraŭjapana Rezistmilito.

3 为中国的解放学习、应用世界语
Lerni kaj praktiki Esperanton por la liberigo de Ĉinio

1931 年 9 月 18 日，日本帝国主义发动了侵华战争，吞并了中国东北三省。1932 年 1 月 28 日，日本侵略者又悍然发动对沪战争，上海世界语学会也毁于日本人的炮火。这两起事件，唤起了中国世界语者的觉醒，他们从此丢掉中立的和平主义的幻想，用世界语为中国的民族解放服务。当时汉口世界语学会就联络成都、广州、上海、天津等 20 个世界语团体发表了《我们的宣言》，强烈谴责日本军国主义的暴行，呼吁世界各国人民声援中国人民的斗争。《我们的宣言》被各国世界语者译成 8 种外文，在 14 种国外报刊上发表，同时收到了 70 多封来自各国的声援信件，显示了世界语在对外报道方面的作用。

1930 年汉口世界语学会会员的合影
Membroj de la Hankoa Esperanto-Asocio, 1930.

1931 年汉口世界语学会出版的会刊
《希望》杂志

La gazeto *La Espero*, organo de
la Hankoa Esperanto-Asocio,
1931.

En la 18-a de septembro 1931, la japana imperiismo lanĉis invadan militon kontraŭ Ĉinio kaj englutis la tri provincojn de la Nordorienta Ĉinio. Kaj en la 28-a de januaro 1932, la japanaj agresantoj barbare lanĉis la militon en Ŝanhajo kaj la sidejo de la Ŝanhaja Esperanta Asocio detruiĝis en milita fajro. La du eventoj vekis la ĉinajn esperantistojn kaj ili forlasis la revon de neŭtrala pacismo kaj ekuzis Esperanton por la liberigo de la ĉina nacio. En tiu tempo, la Hankoa Esperanto-Asocio kune kun pli ol 20 Esperantaj organizoj de Chengdu, Kantono, Ŝanhajo, Tianjin k. a. publikigis *Nian Deklaracion* por forte riproĉi la barbarismon de la japanaj militaristoj kaj alvoki la popolojn de la tuta mondo por helpi la ĉinan popolon en ĝia batalo. *Nia Deklaracio* estis tradukita en 8 naciajn lingvojn kaj aperis en 14 eksterlandaj gazetoj kaj pli ol 70 respondoj el diversaj landoj estis ricevitaj, kiuj montris la efikon de la informado per Esperanto.

胡愈之当选为中国普罗世界语者联盟书记。
Hujucz estis elektita kiel sekretario de la Ĉina Proleta Esperantista Unio.

叶籁士
Ye Laishi

1931 年，著名世界语者胡愈之、楼适夷、叶籁士、张企程等人在上海成立了中国普罗世界语者联盟。该组织在国内参加了中国左翼文化总同盟，在国际上参加了"普罗世界语者国际"。在中国共产党上海地下党组织的领导下，他们主要开展了两个方面的工作。在国内，中国普罗世界语者联盟通过举办世界语展览，出版《世界》杂志，创建上海世界语者协会，举办讲习班和世界语函授，吸引了大批进步青年学习世界语，壮大了世界语队伍，其中一批人奔赴延安或解放区，参加了革命。在国际上，除了与"普罗世界语者国际"和一些国家的支部经常通信联系、交换信息、共同反对法西斯外，主要是出版《中国无产阶级世界语通讯新闻稿》，在这份刊物上经常报道中国苏区、中国工农红军、中国革命斗争以及抗日救亡运动的情况。由于当时国外的报刊很难得到有关中国革命的消息，所以这份世界语通讯稿相当受欢迎。它的一些稿件不仅被国外的世界语刊物转载，而且还被当地世界语者译成本国文字，刊登在报刊上，例如德国共产党的机关刊《红旗》，法国共产党的机关刊《人道报》以及苏联的一些地方报纸就译载过它的文章。日本普罗世界语者同盟的同志也把它的一些重要文章译成日文，油印成单页在劳动群众中散发。

En 1931, la famaj esperantistoj Hujucz, Lou Shiyi, Ye Laishi (Ĵelezo), Zhang Qicheng (Ĉ. Ĉen) kaj aliaj fondis en Ŝanhajo la Ĉinan Proletan Esperantistan Union, kiu aliĝis al la Maldekstra Kultura Ligo en Ĉinio kaj la Internacio de Proleta Esperantistaro internacie. Sub la gvido de la subtera organizo de KPĈ en Ŝanhajo, la unio faris ĉefe laborojn en du sferoj. Enlande, ĝi altiris grandan nombron da progresemaj junuloj al lernado de Esperanto per Esperanta ekspozicio, eldono de la gazeto *La Mondo*, fondo de la Ŝanhaja Esperantista Ligo kaj Esperanto-kursoj, kaj pligrandigis la nombron de esperantistoj, el kiuj iuj iris al Yan'an aŭ aliaj lokoj en la liberigitaj regionoj kaj partoprenis la revolucion. Internacie, ĝi ĉefe eldonis *Ĉinan PEK-Bultenon*, en kiu oni raportis pri la ĉina soveta regiono, pri la Ĉina Ruĝa Armeo de Laboristoj kaj Kamparanoj, kaj pri la ĉina revolucia batalado kaj rezistado kontraŭ la japanaj invadantoj. Ĉar en tiu tempo estis tre malfacile akiri tiajn informojn en eksterlandaj periodaĵoj, la bulteno estis tre ŝatata. Ĝiaj artikoloj estis ne nur reaperigitaj en alilandaj Esperantaj periodaĵoj, sed ankaŭ tradukitaj en naciajn lingvojn kaj aperigitaj en fremdlandaj gazetoj, ekzemple en la gazeto *Ruĝa Flago* de la Germana Komunista Partio, en la gazeto *Humanismo* de la Franca Kompartio kaj en sovetiaj lokaj ĵurnaloj. Iuj japanaj maldekstraj esperantistoj japanigis gravajn artikolojn el ĝi, mimeografis kaj cirkuligis ilin inter japanaj laboruloj.

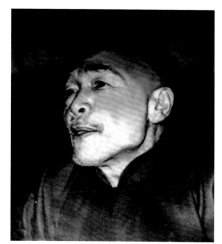

楼适夷
Lou Shiyi

张企程
Zhang Qicheng

乐嘉煊
Yue Jiaxuan (Joĉaŝien)

陈世德
Zensto (Chen Shide)

上世纪三十年代一批知名的世界语者：胡绳（前排左）、叶籁士（前排右）、张企程（后排左一）、徐沫（后排中）、包静之（后排右一），他们都为抗战做出过贡献。

Famaj esperantistoj en la tridekaj jaroj de la pasinta jarcento: Hu Sheng (la 1-a de maldekstre en la unua vico), Ye Laishi (la 2-a de maldekstre en la unua vico), Zhang Qicheng (la 1-a de maldekstre en la posta vico), Xu Mo (la 2-a de maldekstre en la posta vico), Bao Jingzhi

《世界》杂志
La gazeto *La Mondo*

1932 年广州世界语协会第二次大会
La Dua Kongreso de la Kantona Esperanto-Asocio en 1932

1931 年胡愈之（前排右五）访问莫斯科时与当地的世界语者留影。

Hujucz (la 5-a de dekstre en la unua vico) kun geesperantistoj de Moskvo dum sia vizito al ĝi en 1931

1930 年胡愈之回国途中访问柏林《国际主义者》编辑部。

En 1930, Hujucz vizitis la redakcion de *Internaciisto* en Berlino survoje al Ĉinio.

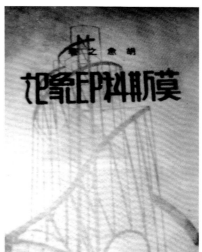

胡愈之回国后撰写《莫斯科印象记》，在国内引起轰动，许多青年阅读后投身革命。

Impresoj pri Moskvo, verkita de Hujucz post lia reveno al Ĉinio, furoris en Ĉinio kaj multaj junuloj partoprenis la revolucion post lego de la verko.

随着日本侵略者的铁蹄步步进逼，华北危在旦夕，民族危机日益严重，抗日救亡运动一浪高过一浪。针对当时的形势，在 1933 年 9 月举行的上海世界语者协会第二次大会上，中国普罗世界语者联盟的同志提出了"为中国的解放而用世界语"的口号。这个口号很快成为各地世界语组织的行动纲领。许多共产党员和进步青年即使在监狱里仍坚持学习世界语。出狱后，他们有的参与了各地世界语组织的工作，有的投奔解放区，从事抗日斗争。

1933 年上海世界语者协会的同志留影。

Jen membroj de la Ŝanhaja Esperantista Ligo en 1933.

Sekve de la profundiĝo de la japana agreso, la Norda Ĉinio estis en danĝero kaj pli kaj pli serioziĝis la ĉina nacia krizo kaj la movado kontraŭjapana por savo de la nacio tajde leviĝis. En tiu tempo, en la Dua Kongreso de la Ŝanhaja Esperantista Ligo okazinta en septembro 1933, membroj de la Ĉina Proleta Esperantista Unio elmetis la sloganon "Per Esperanto por la liberigo de Ĉinio". Kaj tiu devizo tuj fariĝis la programo por gvidi la aktivadon de diverslokaj E-organizoj de Ĉinio. Multaj komunistoj kaj progresemaj junuloj persistis en lernado de Esperanto eĉ en prizonoj. Post sia liberiĝo, iuj el ili partoprenis laboron de lokaj E-organizoj kaj aliaj iris en la liberigitajn regionojn por batali kontraŭ la japanaj invadantoj.

上海世界语者协会借组织郊游开展世界语和救亡运动的宣传活动。

Dum sia ekskurso la Ŝanhaja Esperantista Ligo propagandis Esperanton kaj nacisavon.

1934 年北平师范大学世界语学会第八届世界语班联欢纪念。

Partoprenantoj de la amuza kunveno de la 8-a Esperanto-kurso en la Pejpina Normala Universitato, 1934

谷景生，建国后曾任新疆维吾尔自治区党委第二书记兼乌鲁木齐军区政委。

Gu Jingsheng fariĝis la dua sekretario de la Kompartia Komitato de la Xinjiang-a Ujgura Aŭtonoma Regiono kaj la politika komisaro de la Urumqi-a Garnizono post la fondiĝo de la Ĉina Popola Respubliko.

周小舟，建国后曾任中共湖南省委书记。

Zhou Xiaozhou fariĝis sekretario de la Hunan-Provinca Komitato de KPĈ post la fondiĝo de la Ĉina Popola Respubliko.

黄敬，建国后曾任中共天津市委书记。

Huang Jing, sekretario de la Tianjin-a Komitato de KPĈ post la fondiĝo de la Ĉina Popola Respubliko

值得一提的是，1935年12月9日，北平大中学生数千人举行了抗日救国示威游行，反对日本帝国主义侵吞华北，主张"一致对外，团结抗日"，史称"一二·九"运动。运动的组织者和参与者中很多都是共产党员。具体组织、领导这次运动的北平学联的负责人谷景生、姚依林（姚克广）、黄敬（俞启威）、彭涛、周小舟、刘导生等人都学习过世界语，有的还是清华大学、燕京大学、北京大学世界语组织的负责人。新中国成立后（以下简称"建国后"）他们都成为部长级以上的领导干部，有的则成为文化界、教育界、科技界的领导人或政界知名人士，姚依林、胡乔木、胡愈之、巴金、楚图南等人甚至成为党和国家的领导人。这为新中国世界语运动的复兴和发展创造了良好的政治、社会条件。

在1937年至1945的抗日战争中，一批批世界语者奔赴延安或抗日根据地，直接参加抗日战争，有的在香港和重庆继续运用世界语进行国际宣传和中外文化交流，取得了巨大的成绩。在这一时期，中国世界语者相继出版了《远东使者》、《东方呼声》和《中国报导》等对外宣传刊物。其中《中国报导》的出版时间长达6年，发行63个国家、850个城市。

姚依林，建国后曾任中共中央政治局常委、国务院副总理。

Yao Yilin, membro de la Politika Buroo de la Centra Komitato de KPĈ kaj vicĉefministro de la ĉina registaro post la fondiĝo de la Ĉina Popola Respubliko

刘导生，建国后曾任中共北京市委副书记。

Liu Daosheng, vicsekretario de la Pekina Komitato de KPĈ post la fondiĝo de la Ĉina Popola Respubliko

Estas menciinde, ke en la 9-a de decembro 1935, miloj da Pejpinaj studentoj de mezaj kaj superaj lernejoj faris demonstracion por protesti kontraŭ la agreso de la japana imperiismo al la Norda Ĉinio kaj pledis por unuiĝo kontraŭ la japana agreso, konatan en la historio kiel la Movado de la 9-a de Decembro. Multaj el la organizantoj kaj partoprenantoj de tiu movado estis kompartianoj. La gvidantoj de la Pejpina Studenta Unio, kiu organizis kaj gvidis tiun movadon, Gu Jingsheng, Yao Yilin (Yao Keguang), Huang Jing (Yu Qiwei), Peng Tao, Zhou Xiaozhou, Liu Daosheng k. a. lernis Esperanton, kaj iuj el ili estis estroj de la Esperantaj organizoj en Tsinghua-Universitato, Yanjing-Universitato kaj la Pekina Universitato. Post la fondo de la Ĉina Popola Respubliko iuj el ili fariĝis gvidantoj de kulturaj, edukaj aŭ sciencaj rondoj, kaj Yao Yilin, Hu Qiaomu, Hujucz, Bakin kaj Chu Tunan eĉ fariĝis gvidantoj de KPĈ kaj la ĉina registaro.

Dum la Kontraŭjapana Rezistmilito de 1937 ĝis 1945, iuj el la ĉinaj esperantistoj iris al Yan'an kaj rezistmilitaj bazlokoj por partopreni la batalon kontraŭagresan kaj aliaj en Hongkong kaj Chongqing plue faris internacian propagandon kaj kulturan interfluon kaj eldonis la Esperantajn gazetojn *Orienta Kuriero*, *Voĉoj el Oriento* kaj *Heroldo de Ĉinio*. El ili, *Heroldo de Ĉinio* aperadis dum 6 jaroj, cirkulis en 63 landoj kaj havis legantojn en 850 urboj.

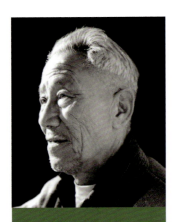

汤逊安，1937年奔赴延安，建国后任第一机械工业部科技情报所副所长。

Tang Xun'an iris al Yan'an en 1937, kaj laboris kiel vicestro de la Informa Sekcio de la Unua Ministerio pri Mekanika Industrio post la fondiĝo de la Ĉina Popola Respubliko.

许善述，抗战中学习世界语，曾任中国报道杂志社副社长。

Xu Shanshu lernis Esperanton dum la Kontraŭjapana Rezistmilito kaj estis vicdirektoro de la redakcio de El Popola Ĉinio.

丁方明，长期在山东坚持党的地下工作，建国后曾任山东省副省长。

Ding Fangming longe persistadis en subtera laboro de KPĈ en Shandong-Provinco kaj laboris kiel vicprovincestro de Shandong post la fondiĝo de la Ĉina Popola Respubliko.

杨康华，长期在广东、香港从事党的地下工作，建国后曾任广东省副省长。

Yang Kanghua longe faris subteran laboron de KPĈ en Guangdong-Provinco kaj Hongkongo kaj laboris kiel vicprovincestro de Guangdong post la fondiĝo de la Ĉina Popola Respubliko.

董世扬，1937年奔赴延安，建国后曾任广州体育学院副院长、广东广州世界语协会会长。

Dong Shiyang iris al Yan'an en 1937 kaj laboris kiel vicrektoro de la Kantona Fizikkultura Kolegio kaj prezidanto de la Esperantaj Asocioj de Kantono kaj Guangdong-Provinco, post la fondiĝo de la Ĉina Popola Respubliko.

李尔重，上世纪三十年代学习世界语，建国后曾任陕西省、湖北省、河北省省委书记。

Li Erzhong lernis Esperanton en la tridekaj jaroj de la pasinta jarcento kaj post la fondiĝo de la Ĉina Popola Respubliko laboris kiel la kompartia sekretario de Shaanxi-Provinco, Hubei-Provinco kaj Hebei-Provinco.

刘坚, 1937年在日本留学期间学习世界语, 建国后曾任广州外国语学校校长。

Liu Jian lernis Esperanton en 1937 dum sia studo en Japanio kaj laboris kiel rektoro de la Kantona Fremdlingva Lernejo post la fondiĝo de la Ĉina Popola Respubliko.

朱家璧, 长期在云南做党的地下工作, 建国后曾任云南省军区副司令员、云南省政协主席。

Zhu Jiabi longe faris subteran laboron de KPĈ en Yunnan-Provinco kaj post la fondiĝo de la Ĉina Popola Respubliko li laboris kiel vickomandanto de la Yunnan-a Garnizono kaj vicprezidanto de Yunnan-provinca Komitato de la Ĉina Popola Politika Interkonsiliĝa Konferenco (ĈPPIK).

曾禾尧, 在重庆学习世界语, 长期从事党的地下工作, 建国后曾任水利出版社副社长和北京市世界语协会会长。

Zeng Heyao lernis Esperanton en Chongqing, longe faris subteran laboron de KPĈ kaj post la fondiĝo de la Ĉina Popola Respubliko li laboris kiel vicestro de la Eldonejo de Akvoutiligado kaj prezidanto de la Pekina Esperanto-Asocio.

方善境, 将汉字拉丁化的有关信息介绍到中国, 建国后曾当选为全国政协委员并长期在中国报道杂志社工作。

Tikos (Fang Shanjing) estis la unua ĉino, kiu importis informojn pri la latinigo de la ĉina lingvo. Post la fondiĝo de la Ĉina Popola Respubliko, li estis elektita kiel membro de la Tutlanda Komitato de ĈPPIK, kaj longe laboris por *El Popola Ĉinio*.

方善境编辑出版的《东方呼声》杂志。

La gazeto *Voĉoj el Oriento* redaktita de Tikos

抗日救亡运动和抗战时期出版的部分世界语刊物。

Parto de la Esperantaj eldonaĵoj dum la periodo de la kontraŭjapana nacisava movado kaj rezistmilito

《中国报导》是著名作家郭沫若领导下的国民政府军事委员会政治部第三厅出版的对外宣传刊物，由叶籁士任主编。著名世界语者乐嘉煊、霍应人、先锡嘉也参加了第三厅的工作。中国报导社除办好刊物外，还出版了《郭沫若先生及其文学作品》、绿川英子散文集《暴风雨中的低语》、抗战文艺选集《归来》、戏剧集《转形期》、《中国抗战歌曲选》等著作。在此期间，中国世界语者还编译出版了《鲁迅小说选》、抗战报告文学集《新生活》、《战斗中的中国》（绿川英子著）。

与此同时，一批东、西欧和俄罗斯文学作品通过世界语被译成中文出版，如王鲁彦翻译了果戈理的小说《肖像》等十多部著作，巴金翻译了匈牙利作家尤利·巴基的《秋天里的春天》等著作，钟宪民翻译了匈牙利作家巴基的长篇小说《牺牲者》、波兰世界语作家让·福奇的原著中篇小说《深渊》等作品，孙用翻译了匈牙利爱国诗人裴多菲的长篇叙事诗《勇敢的约翰》、俄国诗人普希金的《上尉的女儿》等著作。

郭沫若在抗日战争中坚定地支持世界语者用世界语进行对外报道工作。

Guo Moruo firme subtenis la internacian informadon per Esperanto dum la Rezist-milito.

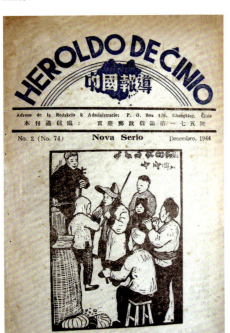

《中国报导》杂志全面报道了抗战的全过程，在国际宣传中发挥了重要作用。

La gazeto *Heroldo de Ĉinio* raportadis la tutan periodon de la Rezistmilito, kaj ludis gravan rolon en la internacia informado de Ĉinio.

上世纪三、四十年代出版的部分文艺作品。

Parto de la Esperantaj libroj eldonitaj dum la tridekaj kaj kvardekaj jaroj de la pasinta jarcento

巴金
Bakin

Heroldo de Ĉinio estis Esperanta gazeto redaktita de Ye Laishi sub la gvido de la Tria Buroo de la Milita Komisiono de la registaro de la Ĉina Respubliko, estrata de la fama verkisto Guo Moruo. Ankaŭ la famaj esperantistoj Yue Jiaxuan, Huo Yingren (Jako) kaj Xian Xijia (Sanio) partoprenis la laboron de la Tria Buroo. Krom eldonado de la gazeto, la redakcio de *Heroldo de Ĉinio* ankaŭ eldonis la Esperantajn librojn *La Arĝenta Jubileo de la Literatura Agado de S-ro Kuo Moĵo, Flustr' el Uragano* de Verda Majo, la novelaron *Reveno pri la Kontraŭjapana Rezistmilito*, la dramon *Transformiĝo*, la *Ĉinan Rezistmilitan Kantaron* k. a. Dume, ĉinaj esperantistoj ankaŭ tradukis kaj eldonis la librojn *Elektitaj Noveloj de Lusin, Nova Vivo* (kolekto de raportoj pri la Rezistmilito) kaj *En Ĉinio Batalanta* de Verda Majo.

En tiu periodo, nombro da literaturaj verkoj el la Orienta kaj Okcidenta Eŭropo estis tradukitaj el Esperanto en la ĉinan lingvon, kiel ekzemple *La Portreto* de N. V. Gogol kaj aliaj pli ol dek romanoj ĉinigitaj de Wang Luyan, la originala romano *Printempo en la Aŭtuno* de Julio Baghy k. a. ĉinigitaj de Bakin. Zhong Xianmin ĉinigis la originalan romanon *Viktimoj* de la hungara verkisto Julio Baghy, la romanon *Abismoj* de pola verkisto Jean Forge k. a. literaturaĵojn. Sun Yong ĉinigis el Esperanto la epopeon *Johano la Brava* de hungara patriota poeto Sandor Petofi, la romanon *Kapitanfilino* de rusa poeto A. S. Puŝkin k. a.

钟宪民
Zhong Xianmin

小说《深渊》
La ĉinigita romano *Abismoj*

孙用
Sun Yong

王鲁彦
Wang Luyan

金克木
Prof. Jin Kemu

万湜思（姚思铨），
版画家、世界语
翻译家。
Lignogravuristo
kaj Esperanta
tradukisto Wan
Shisi (Yao Si-
quan)

在当时的革命圣地延安，世界语运动也十分活跃。抗战开始以后，一批世界语者相继来到延安，并于1938年5月建立了世界语协会。他们在边区文化协会、中国人民抗日军政大学、鲁迅艺术学院、八路军医院等单位开办世界语班，同时还对延安以外的地区开展函授教学，坚持常年招生。1939年12月15日，值柴门霍夫诞生80周年纪念日，延安世界语者协会在杨家岭举办世界语展览。中共中央领导人毛泽东亲笔题词，表示祝贺。他的题词是："我还是这一句话：如果以世界语为形式，而载之以真正国际主义之道，真正革命之道，那末，世界语是可以学的，是应该学的。"

上世纪三、四十年代出版的从世界语译成中文的部分外国文艺作品。

Parto de la alilandaj literaturaĵoj ĉinigitaj pere de Esperanto eldonitaj dum la tridekaj kaj kvardekaj jaroj de la pasinta jarcento

毛泽东 1936 年在延安。
La foto de Mao Zedong en Jan'an, 1936

En tiu tempo la Esperanto-movado tre viglis en Yan'an, la lulilo de revolucio. Post la komenco de la Rezistmilito, aro da esperantistoj venis al Yan'an kaj fondis la Esperantan asocion en majo de 1938. Oni fondis E-kursojn en la Limregiona Kultura Ligo, la Popola Kontraŭjapana Milita kaj Politika Universitato, la Arta Kolegio de Lusin, la Hospitalo de la Okavoja Armeo k. a. institucioj, kaj samtempe koresponde instruis Esperanton al loĝantoj ekster Yan'an kaj varbadis lernantojn dum la tuta jaro. En la 15-a de decembro, 1939, okaze de la 80-a datreveno de naskiĝo de Zamenhof, la Jan'an-a Esperantista Ligo aranĝis Esperanto-ekspozicion ĉe Yangjialing. Mao Zedong, la gvidanto de la Centra Komitato de KPĈ, skribis jenajn vortojn por gratulo:"Mi ankoraŭ diras la samon: Se oni prenas Esperanton kiel formon por porti veran internaciismon kaj veran revoluciismon, do Esperanto estas lerninda kaj lernenda."

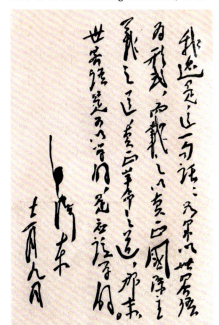

毛泽东 1939 年 12 月 9 日给延安世界语展览会的题词
Vortoj de Mao Zedong skribitaj en la 9-a de decembro 1939, por la Esperanto-ekspozicio en Jan'an

教育家、文字改革家吴玉章积极支持延安世界语者协会宣传推广世界语。
Wu Yuzhang, pedagogo kaj reformisto de la ĉina skriba lingvo, aktive subtenis la Jan'an-an Esperantistan Ligon en disvastigo de la lingvo.

黄乃是延安世界语者协会领导人之一。
Huang Nai, unu el la gvidantoj de la Jan'an-a Esperantista Ligo

庄栋是延安世界语者协会主持工作的领导人。
Zhuang Dong, ĉefa gvidanto de la Jan'an-a Esperantista Ligo

在敌后根据地还有一批世界语者一边坚持抗战，一边学习世界语。例如在山西抗日根据地，著名诗人张光年就举办过世界语班，史平等参加了学习。在苏北新四军根据地，沙地、孙克定也建立了世界语小组。

在重庆，叶籁士、乐嘉煊、冯文洛发起成立重庆世界语函授学社，函授学社在五年间共招收了2300多名学员，遍及全国18个省，学社还出版了20多种书籍，培养了以李士俊为代表的一批世界语者，为解放后《中国报道》的出版、中华全国世界语协会的建立储备了人才。

史平建国后任中共湖南省委宣传部副部长。

Shi Ping laboris kiel vicestro de la Pro-paganda Sekcio de la Hunan-a Komitato de KPĈ post la fondiĝo de la nova Ĉinio.

孙克定教授1932年学习世界语，曾参加新四军，建国后曾任中科院紫金山天文台副台长、数学所研究员。

Prof. Sun Keding lernis Esperanton en 1932 kaj aliĝis al la Nova Kvara Armeo. Post la fondiĝo de la nova Ĉinio, li laboris kiel vicdirektoro de la Observatorio de Zijinshan de la Ĉina Akademio de Sciencoj kaj esploristo de la Matematika Instituto.

冯文洛
Venlo Fon

张阎凡
Honfan (Zhang Hongfan)

由钟宪民先生编写的重庆世界语
函授学社教材《世界语战时读本》。

Milittempa Legolibro de Esperanto verkita de Zhong Xianmin

Ankaŭ en la postfrontaj bazlokoj, nombro da esperantistoj persistis kaj en batalo kontraŭ japana agreso kaj en lernado de Esperanto. Ekzemple, en la bazloko de Shanxi-Provinco, fama poeto Zhang Guangnian funkciigis Esperanto-kurson, en kiu lernis Shi Ping kaj aliaj. Ankaŭ en la bazloko de la Nova Kvara Armeo, Sha Di kaj Sun Keding fondis Esperanto-rondon.

En Chongqing, Ye Laishi, Yue Jiaxuan kaj Venlo Fon (Feng Wenluo) fondis la Korespondan Esperanto-Lernejon, kiu varbis pli ol 2300 lernantojn el 18 provincoj dum sia 5-jara ekzistado, eldonis pli ol 20 specojn da libroj kaj elbakis multajn esperantistojn kun Laŭlum kiel reprezentanto, kaj pretigis laborantojn por la gazeto *El Popola Ĉinio* kaj la Ĉina Esperanto-Ligo.

曾在《中国报导》杂志和重庆世界语函授学社工作过的部分世界语者。（前排自左至右）翟健雄、钟宪民、冯文洛、霍应人；（中排自左至右）陈鑫、董金鉴、先锡嘉和他的女儿、张阎凡，（后排自左至右）王文华、曾禾尧、秦凯基、刘耀章。

Parto de la esperantistoj, kiuj laboris en la redakcio de *Heroldo de Ĉinio* kaj la Koresponda Esperanto-Lernejo en Chongqing. En la fronta vico de maldekstre estas Zhai Jianxiong, Zhong Xianmin, Venlo Fon, Huo Yingren; en la meza vico de maldekstre estas Chen Xin, Dong Jinjian, Xian Xijia kaj lia filino, kaj Honfan; en la posta vico de maldekstre estas Wang Wenhua, Zeng Heyao, Qin Kaiji kaj Liu Yaozhang.

在抗日战争中，日本知名世界语作家绿川英子同中国人民站在一起，从事对日宣传工作，受到中共领导人周恩来的称赞，周恩来对绿川英子说："日本军国主义把你称为'娇声卖国贼'，其实你是日本人民忠实的好女儿，中国人民的忠诚战友，真正的爱国主义者。"郭沫若也亲笔为绿川英子题诗相赠："茫茫四野弥魍暗，历历群星丽九天。映雪终嫌光太远，照书还喜一灯妍。"抗战胜利后，绿川英子又转战东北解放区，后因小产而不幸去世。1983年佳木斯人民政府为纪念她，专门为她和她的丈夫刘仁建立了合塚墓。

中国留日学生刘仁与日本世界语者绿川英子，两人后来结为夫妻。
Ĉina studento Liu Ren kaj japana esperantistino Verda Majo geedziĝis en Japanio.

绿川英子被日本的报纸骂为"娇声卖国贼"。
Japana gazeto, kiu riproĉas Verdan Majon kiel "koketvoĉan naciperfidulinon"

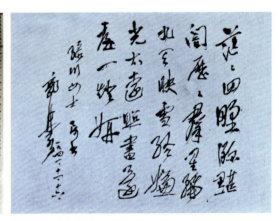

郭沫若先生为绿川英子题写的诗
Manuskripto de poemo de Guo Moruo por Verda Majo

在抗日战争和解放战争中，一批优秀的世界语者或战死在沙场，或殉职于狱中，杨景山、恽代英、车耀先、许晓轩、黄诚、傅以平、何子成、张困斋、许寿真等人就是他们中的杰出代表。这批共产党员既为世界语的伟大理想做了许多工作，也为中国人民的革命事业献出了宝贵的生命，永远值得后人景仰。正如胡愈之在1951年中华全国世界语协会成立大会上所说："不应该忘记，我国世界语运动是在反动统治阶级残酷的压迫下成长起来的，是在革命者的牢狱和集中营中发展起来的。在三十年来为革命牺牲的人民英雄的光荣名录中，有着不少世界语者的名字。"

绿川英子夫妇在佳木斯的合塚墓

Tombo por Verda Majo kaj ŝia edzo en Jiamusi

Dum la Kontraŭjapana Rezistmilito, fama japana Esperanta verkistino Verda Majo (Hasegawa Teru) staris ĉe la flanko de la ĉina popolo kaj faris propagandon kontraŭ la japanaj agresantoj. Ŝi estis laŭdata de Zhou Enlai, gvidanto de KPĈ, kiu diris:"Japanaj militaristoj nomas vin koketvoĉa naciperfidulino, efektive vi estas fidela bona filino de la japana popolo, fidela batalamiko de la ĉina popolo kaj vera patrioto." Guo Moruo skribis poemon por Verda Majo:

Tre mallumas la vastega tero,

Klare brilas alte belaj steloj,

Malproksimas blanka neĝ' por lego,

Ja favoras al ni lampa helo.

Post la fino de la Rezistmilito, Verda Majo translokiĝis al la liberigita regiono en la Nordorienta Ĉinio kaj mortis pro abortiĝo. Por ŝin memorigi, la popola registaro de Jiamusi speciale konstruis tombon por ŝi kaj ŝia edzo Liu Ren en la jaro 1983.

绿川英子夫妇逝世后他们的事迹被拍成电视剧，中日两国世界语者还为他们出版了纪念文集和小说。

Post la forpaso de Verda Majo kaj ŝia edzo, aperis televida filmo pri ili kaj eldoniĝis ankaŭ kolekto de memoraj artikoloj kaj romano pri ili.

Dum la Kontraŭjapana Rezistmilito kaj la Ĉina Liberiga Milito, nombro da elstaraj esperantistoj aŭ heroe oferis sian vivon en batalo aŭ martiriĝis en prizono, kaj Yang Jingshan, Yun Daiying, Che Yaoxian, Xu Xiaoxuan, Huang Cheng, Fu Yiping, He Zicheng, Zhang Kunzhai kaj Eltunko (Xu Shouzhen) estas la eminentaj reprezentantoj de ili. Tiuj komunistoj kaj faris multajn kontribuojn por la granda idealo de Esperanto kaj oferis sian valoran vivon por la ĉina revolucio. Ili estas eterne respektindaj por la posteuloj. Ĝuste kiel Hujucz diris en la inaŭguro de la Ĉina Esperanto-Ligo en 1951: "Ne forgesu, ke la ĉina Esperanto-movado elkreskis sub la kruela subpremado de la reakcia reganta klaso kaj disvolviĝis en la prizonoj kaj koncentrejoj por la revoluciuloj. En la glora listo de la popolaj herooj martiriĝintaj por la revolucio dum la 30 jaroj troviĝas nemalmultaj nomoj de esperantistoj."

杨景山是爱罗先珂的学生，中共北方局的负责人，1927 年被军阀杀害。

Yang Jingshan, lernanto de V. Eroŝenko kaj respondeculo de la Norda Buroo de KPĈ, estis murdita de militaristoj en 1927.

中国共产党早期领导人恽代英是提倡世界语的知名人士之一。

Fruperioda gvidanto de KPĈ Yun Daiying estis famulo pledanta por Esperanto.

车耀先建国前曾任中共四川省委书记。

Che Yaoxian estis sekretario de la Sichuan-Provinca Komitato de KPĈ antaŭ la fondiĝo de la nova Ĉinio.

重庆共产党负责人许晓轩早年也是一名世界语者。

Xu Xiaoxuan, gvidanto de KPĈ en Chongqing, lernis Esperanton en sia juneco.

世界语者黄诚抗战以后加入共产党领导的新四军，后被国民党杀害。

Esperantisto Huang Cheng partoprenis la Novan Kvaran Armeon sub la gvido de KPĈ post la eksplodo de la Kontraŭjapana Rezistmilito kaj estis murdita de Kuomintango.

上世纪 30 年代活跃于北平的世界语者傅以平，在贵州从事革命工作时殉职。

Esperantisto Fu Yiping, kiu aktivis en la tridekaj jaroj de la pasinta jarcento en Pejpino, martiriĝis en sia revolucia aktivado en Guizhou-Provinco.

为中国世界语运动做出重要贡献的世界语者许寿真，成都解放前夕被国民党杀害。

Eltunko, kiu multe kontribuis al la ĉina Esperanta movado, estis murdita de la Kuomintango antaŭvespere de la liberigo de Chengdu.

在上海长期从事共产党地下工作的张困斋，建国前被捕殉职。

Zhang Kunzhai longe laboris subtere por KPĈ en Ŝanhajo kaj estis arestita kaj martiriĝis antaŭ la fondiĝo de la Ĉina Popola Respubliko.

在宁夏从事党的地下工作的世界语者何子成

Esperantisto He Zicheng aktivadis subtere por KPĈ en Ningxia

许寿真编辑、刻写的《新闻记者》杂志，刊载过有关中国解放战争的消息。

La gazeto *Ĵurnalisto* redaktita kaj mimeografita de Eltunko en la pasinta jarcento, en kiu aperis informoj pri la Liberiga Milito

许寿真编辑、刻写的《中国音乐》杂志。

La gazeto *El Ĉina Muziko* redaktita kaj mimeografita de Eltunko

当代中国的世界语运动

LA NUNTEMPA ĈINA ESPERANTO-MOVADO

新中国建立以后，世界语运动获得了长足进步，这是与中国共产党和中国政府的支持分不开的，这种支持包括对世界语事业道义上的肯定、政策上的鼓励和经济上的资助。从老一代领导人毛泽东、周恩来、陈毅到后来新一代领导人彭真、吴邦国、黄华，都肯定世界语在促进世界和平、人类进步、人民之间的相互了解，建立和谐世界方面的价值和作用。在60多年的时间里，中国世界语运动杰出的领导人胡愈之、巴金、叶籁士、陈原等一代接着一代，带领中国世界语者努力奋斗，使中国的世界语运动得以复兴和发展。

Post la fondiĝo de la nova Ĉinio, la ĉina Esperanto-movado multe progresas, tio estas nedisigebla de la subtenado de KPĈ kaj la ĉina registaro, inkluzive de la morala agnosko, favora politiko kaj financa subvencio. De la malnovaj gvidantoj Mao Zedong, Zhou Enlai kaj Chen Yi ĝis la gvidantoj de la nova generacio Peng Zhen, Wu Bangguo kaj Huang Hua ĉiuj jesis pri la valoro kaj pozitiva rolo de Esperanto en akcelo de paco de la mondo, progreso de la homaro, interkompreno de la popoloj kaj konstruado de harmonia mondo. Dum la pasintaj pli ol 60 jaroj, la eminentaj gvidantoj de la ĉina Esperanto-movado Hujucz, Bakin, Ĵelezo kaj Chen Yuan gvidis la ĉinan esperantistaron pene bataladi, kaj restaŭris kaj disvolvis la ĉinan Esperanto-movadon.

1 中华全国世界语协会的建立
Fondiĝo de la Ĉina Esperanto-Ligo

中华全国世界语协会是中国世界语运动史上第一个真正的全国性世界语组织，自1951年建立以来，至今已经度过了60华诞。

协会目前出版会刊《全国世协通讯》，作为世界语者的学习园地和交流平台；按时进行会员登记；定期召开全国世界语大会，汇报协会工作，表彰先进协会和优秀世界语者。在成立60周年纪念会上，中华全国世界语协会授予李士俊、谢玉明、李森、谭秀珠"中国世界语运动终身成就奖"。

此外，中华全国世界语协会所属的一些专业协会，如青年协会、铁路员工协会、集邮协会、围棋协会也开展活动，加强与国际组织的交流。

1951年3月11日中华全国世界语协会宣告成立，会后与会者合影。

En la 11-a de marto 1951, fondiĝis la Ĉina Esperanto-Ligo. Jen partoprenantoj de la fonda kunveno.

La Ĉina Esperanto-Ligo estas la unua tutlanda Esperanto-organizo en la historio de la ĉina Esperanto-movado kaj jam forpasis 60 jaroj post ĝia fondiĝo en 1951.

La Ĉina Esperanto-Ligo nun eldonas sian organon *Informilo de ĈEL* por la lingvolernado kaj interkomunikado de la esperantistoj, registradas membrojn, okazigas tutlandan kongreson por raporti la laborojn de ĈEL kaj premias Esperantajn elstarajn societojn kaj personojn. En la festokunveno, ĈEL havigis al Laŭlum, Xie Yuming (Seimin), Li Sen kaj Tan Xiuzhu la premion pro ilia dumviva kontribuo al la ĉina Esperanto-movado.

Kaj krome, ankaŭ la fakaj organizoj de la Ĉina Esperanto-Ligo, kiel tiu de junuloj, fervojistoj, filatelistoj kaj vejĉiistoj aktivadas kaj plifortigas sian rilaton kun internaciaj organizoj.

1950 年 9 月成都世界语者欢送李士俊（二排左六）去北京参加中华全国世界语协会的筹备工作。

En septembro 1950, esperantistoj en Chengdu kunsidis por adiaŭi Laŭlum (la 6-a de maldekstre en la dua vico), kiu veturos al Pekino por parto-preni la preparadon por fondi la Ĉinan Esperanto-Ligon.

1963 年时任国务院副总理的陈毅元帅（左一）和夫人张茜（右二）参观世界语对外宣传工作汇报展。

Vicĉefministro Chen Yi (la 1-a de maldekstre) kaj lia edzino Zhang Qian (la 2-a de dekstre) en la Ekspozicio pri la Informa Laboro de Esperanto en 1963

1963 年陈毅（主席台左一）、胡愈之（左二）、楚图南（左三）出席第一次全国世界语工作座谈会，陈毅发表支持世界语的重要讲话，有力地推动了世界语运动的发展。

Chen Yi (la 1-a de maldekstre sur la podio), Hujucz (la 2-a de maldekstre) kaj Chu Tunan (la 3-a de maldekstre) ĉeestis la kunsidon pri la ĉina Esperanto-laboro. Kaj Chen Yi faris gravan paroladon por subteni Esperanton kaj per tio forte antaŭenpuŝis la ĉinan E-movadon en 1963.

1979 年第二次全国世界语工作座谈会在北京召开，标志着中国世界语运动进入了一个新的阶段，（前排自左至右）曾倩仪、李奈西、张企程、叶君健、邱及、方善境、廖井丹、胡愈之、李琦、罗俊、陈原、先锡嘉、钟虹与大家合影。

En 1979, okazis la Dua Kunsido pri la Esperanto-laboro de Ĉinio en Pekino, kio markis la komenciĝon de nova etapo de la ĉina Esperanto-movado. En la unua vico sidas (de maldekstre) Zeng Qianyi, Li Naixi, Zhang Qicheng, Ye Junjian, Qiu Ji, Tikos, Liao Jingdan, Hujucz, Li Qi, Luo Jun, Chen Yuan, Xian Xijia kaj Zhong Hong.

（自左至右）邱及、叶君健、杭军、陈原、胡愈之、方善境、张企程出席第二次全国世界语工作座谈会。

(De maldekstre) Qiu Ji, Ye Junjian, Hang Jun, Chen Yuan, Hujucz, Tikos kaj Zhang Qicheng en la Dua Kunsido pri Esperanto-laboro de Ĉinio

1988 年 6 月，中华全国世界语协会在北京召开理事会扩大会议，选举了新一届理事会和领导人。

En junio 1988, okazis la Plivastigita Kunsido de la Komitatanoj de ĈEL en Pekino kaj elektiĝis ĝia nova estraro.

1994 年 3 月 8 日，中华全国世界语协会领导同志（自左至右）李玉萍、叶君健、陈原、张企程、许善述、谭秀珠工作会后留影。

(De maldekstre) Li Yuping, Ye Junjian, Chen Yuan, Zhang Qicheng, Xu Shanshu kaj Tan Xiuzhu post kunsido de ĈEL-estraro, en la 8-a de marto 1994

2006年5月，纪念中华全国世界语协会成立55年大会在北京召开。时任中国世界语之友会会长柴泽民（左六）、中华全国世界语协会会长陈昊苏（左五）、国务院新闻办公室原副主任、中国外文局原局长杨正泉（左四）、时任中华全国世界语协会副会长赵常谦（右五）、中华全国世界语协会第一副会长郭晓勇（右四）等出席。

En majo 2006 okazis en Pekino kunveno por festi la 55-jaran jubileon de ĈEL. Ĝin ĉeestis Chai Zemin (la 6-a de maldekstre), prezidanto de la Ĉina Societo de Amikoj de Esperanto, Chen Haosu (la 5-a de maldekstre), prezidanto de ĈEL, Yang Zhengquan (la 4-a de maldekstre), eksvicestro de la Informa Oficejo de la Ŝtata Konsilantaro de Ĉinio kaj eksestro de la Ĉina Fremdlingva Eldona kaj Distribua Buroo, Zhao Changqian (la 5-a de dekstre), vicprezidanto de ĈEL, kaj Guo Xiaoyong (la 4-a de dekstre), la unua vicprezidanto de ĈEL.

参加第58届国际铁路员工世界语大会的代表，会后出席了中华全国世界语协会成立55周年纪念大会，并在中国外文局门口合影留念。

Post la 58-a Internacia Fervojista Esperanto-Kongreso, iuj el la kongresanoj partoprenis la kunvenon por festi la 55-jaran jubileon de ĈEL en Pekino. Jen ili fotiĝis antaŭ la pordo de la Ĉina Fremdlingva Eldona kaj Distribua Buroo.

2011 年 5 月 20 日，中华全国世界语协会举行成立 60 周年纪念大会，主席台上就座的贵宾有（自左至右）：中华全国世界语协会原副会长赵常谦、冰岛驻华使馆公使衔参赞拉格纳尔、中华全国世界语协会第一副会长郭晓勇、中华全国世界语协会会长陈昊苏、中国外文局局长周明伟、国际世界语协会前主席科尔塞蒂、中华全国世界语协会副会长史秋秋。

En la 20-a de majo 2011, la Ĉina Esperanto-Ligo okazigis la kunvenon por celebri sian 60-jariĝon. Sur la podio sidas (de maldekstre en la unua vico) Zhao Changqian, eksvicprezidanto de ĈEL, Ragnar Baldursson, konsilisto de la Islanda Ambasado al Ĉinio, Guo Xiaoyong, la unua vicprezidanto de ĈEL, Chen Haosu, prezidanto de ĈEL, Zhou Mingwei, estro de la Ĉina Fremdlingva Eldona kaj Distribua Buroo, R. Corsetti, eksprezidanto de UEA, kaj Shi Qiuqiu, vicprezidanto de ĈEL.

蒙古国世界语协会名誉会长策登丹巴（右二）向陈昊苏会长（左二）转交蒙古国世界语协会致中华全国世界语协会成立60周年纪念会贺信。

Samdan Tsedendamba (la 2-a de dekstre), honora prezidanto de la Mongola Esperanto-Ligo, prezentas la gratulan leteron de la Mongola Esperanto-Ligo al Chen Haosu (la 2-a de maldekstre), prezidanto de la Ĉina Esperanto-Ligo.

国际世界语协会前主席科尔塞蒂出席纪念会。

Renato Corsetti, eksprezidanto kaj komitatano de UEA, salutparolas en la festkunveno de ĈEL.

中国外文局局长周明伟（右）与前来参加纪念会的冰岛驻华使馆公使衔参赞拉格纳尔（中）及匈牙利驻华使馆文教参赞高博亲切交谈。

Zhou Mingwei (dekstre) interparolas kun Ragnar Baldursson (meze), konsilisto de la Islanda Ambasado al Ĉinio kaj Gábor Nagy, eduka konsilisto de la Hungara Ambasado.

中华全国世界语协会授予李森（前排左一）、李士俊（前排左二）、谭秀珠（前排右一）和谢玉明（因病缺席）"中国世界语运动终身成就奖"。

La Ĉina Esperanto-Ligo donis al (de maldekstre en la unua vico) Li Sen (la 1-a), Laŭlum (la 2-a), Tan Xiuzhu (la 5-a) kaj Xie Yuming (ne ĉeestas pro malsano) la premion pro ilia dum-viva kontribuo al la ĉina Esperanto-movado.

中华全国世界语协会成立 60 周年纪念会的与会者合影留念。

Partoprenantoj de la kunveno por celebri la 60-jariĝon de ĈEL

1959 年，胡愈之（前排左三）、叶籁士（第二排右四）、陈原（前排左一）等中华全国世界语协会的同志会见土岐善磨（左二）、高杉一郎（左四）等日本客人。

En 1959, Hujucz (la 3-a de maldekstre en la unua vico), Ye Laishi (la 4-a de dekstre en la dua vico), Chen Yuan (la 1-a de maldekstre en la unua vico) kaj aliaj membroj de la Ĉina Esperanto-Ligo akceptis la japanajn gastojn Toki Zenmaro (la 2-a de maldekstre en la unua vico) kaj Takasugi Ichiro (la 4-a de maldekstre en la unua vico).

1974 年 10 月，胡愈之（前排左三）、叶籁士（前排右三）、叶君健（前排右二）、陈原（后排左一）接见越南世界语代表团。

En oktobro 1974, Hujucz (la 3-a de maldekstre en la unua vico), Ye Laishi (la 3-a de dekstre en la unua vico), Ye Junjian (la 2-a de dekstre en la unua vico) kaj Chen Yuan (la 1-a de maldekstre en la posta vico) akceptis Vjetnaman Esperanto-delegacion.

1974 年 4 月，中华全国世界语协会的领导和北京世界语者与中日邦交正常化后来华访问的第一个日本世界语代表团合影。

En aprilo de 1974, post la normaliĝo de la diplomatia rilato inter Ĉinio kaj Japanio, la unua japana esperantista delegacio vizitis Ĉinion. Jen la delegacio kune kun la gvidantoj de la Ĉina Esperanto-Ligo kaj pekinaj esperantistoj.

maandelijks tijdschrift verantwoordelijke uitgever dr. p. denoët, rue victor raskin 20, b-4000 liège

1979 februaro
72-a jaro
n-ro 878 (2)
aperas monate (escepte de aŭgusto)

esperanto

NE ISSN 0014-0635

universala esperanto-asocio (en konsultaj rilatoj kun unesko)
nieuwe binnenweg 176 — 3015 bj rotterdam — nederlando

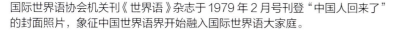

1983 年中国申办世界语大会获得成功，国际世界语协会为表彰中国世界语运动取得的成绩，将费恩杯授予中华全国世界语协会。

En 1983, ĈEL sukcesis en rajtopetado por gastigi UK en Ĉinio, kaj UEA honoris ĝin per la Trofeo Fyne pro la atingoj de la Esperanto-movado en Ĉinio.

国际世界语协会机关刊《世界语》杂志于 1979 年 2 月号刊登"中国人回来了"的封面照片，象征中国世界语界开始融入国际世界语大家庭。

La fotoj sur la kovrilo de la gazeto *Esperanto* en n-ro 2 de 1979 montras ke la ĉina esperantistaro (re)venas en la internacian Esperantujon.

1985 年叶籁士会见出席《中国报道》杂志创刊 35 周年纪念会的北美世界语协会主席哈蒙先生。

En 1985, Ye Laishi intervidiĝis kun s-ro William Harmon, prezidanto de la Esperanto-Ligo por Norda Ameriko okaze de la 35-jariĝo de EPĈ.

当代中国的世界语运动 La Nuntempa Ĉina Esperanto-movado

1980 年，中华全国世界语协会副秘书长祝明义（前排左五）陪同南斯拉夫著名世界语者 Sekelj（前排左六）到成都访问，与成都新老世界语者合影。

Zhu Mingyi, vicĝenerala sekretario de ĈEL (la 5-a de maldekstre en la unua vico), akompanis faman jugoslavan esperantiston Tibor Sekelj (la 6-a de maldekstre en la unua vico) al Chengdu kaj fotiĝis kune kun tieaj esperantistoj en 1980.

2005 年春，担任国际世界语协会领导班子成员的于涛（后排右一）与协会其他领导成员在总部门前留影。

Yu Tao (la unua de dekstre en la dua vico) kun aliaj gvidantoj de UEA antaŭ la pordo de la oficejo de UEA en printempo de 2005

2011 年出席丹麦哥本哈根第 96 届国际世界语大会的中国代表团成员与外国世界语者在一起。

Membroj de la ĉina Esperanto-delegacio al la 96-a UK en Kopenhago de Danlando kun alilandaj esperantistoj en 2011

2011 年 8 月 26 日，中华全国世界语协会副会长陈实（左二）会见冰岛驻华使馆公使衔参赞、世界语者拉格纳尔先生（右二）。

La 26-an de aŭgusto 2011, Chen Shi (la 2-a de maldekstre), vicprezidanto de ĈEL, intervidiĝis kun esperantisto Ragnar Baldursson (la 2-a de dekstre), konsilisto de la Islanda Ambasado en Ĉinio.

2012 年 2 月中华全国世界语协会的同志接待来访的澳大利亚世界语者。

Laborantoj de la Ĉina Esperanto-Ligo kun aŭstralia esperantisto en februaro 2012

第一届全国世界语大会于 1985 年在昆明举行。

La Unua Ĉina Kongreso de Esperanto okazis en Kunming, en 1985.

1991 年在唐山举行第二届全国世界语大会，部分代表合影留念。

En 1991, la Dua Ĉina Kongreso de Esperanto okazis en Tangshan. Jen foto pri parto de la partoprenantoj.

1995 年，在重庆举行第三届全国世界语大会期间，陈原亲自为日本世界语者绿川英子故居挂牌。

En 1995, la Tria Ĉina Kongreso de Esperanto okazis en Chongqing kaj dum la kongreso Chen Yuan fiksis memorigan ŝildon sur la iama loĝejo de la japana esperantistino Verda Majo.

1999 年第四届全国世界语大会在桂林举行。

En 1999, la Kvara Ĉina Kongreso de Esperanto okazis en Guilin.

2003 年第五届全国世界语大会相识晚会文艺表演，此届大会在吉林省延边朝鲜族自治州首府延吉市举行。

En la interkona vespero de la Kvina Ĉina Kongreso de Esperanto en Yanji, ĉefurbo de la Kore-nacia Aŭtonoma Subprovinco Yanbian en Jilin-Provinco, en 2003

2005 年在著名古城福建省泉州市举行了第六届全国世界语大会。

En 2005, la Sesa Ĉina Kongreso de Esperanto okazis en la fama antikva urbo Quanzhou de Fujian-Provinco.

2007 年在广东省广州市举行了第七届全国世界语大会。

En 2007, la Sepa Ĉina Kongreso de Esperanto okazis en Kantono de Guangdong-Provinco.

中华全国世界语协会在第七届全国世界语大会上向先进集体和个人授奖。

Dum la Sepa Ĉina Kongreso de Esperanto, ĈEL premiis la avangardajn organizojn kaj personojn de Esperanto-movado.

参加第七届全国世界语大会的广东老世界语者与部分与会者合影留念。

Veteranaj esperantistoj de Guangdong-Provinco kune kun parto de la partoprenantoj de la Sepa Ĉina Kongreso de Esperanto

2009 年 12 月第八届全国世界语大会在江苏省南京市举行。

En decembro 2009, la Oka Ĉina Kongreso de Esperanto okazis en Nankino de Jiangsu-Provinco.

在第八届全国世界语大会上开展了世界语的教学研讨活动。

Diskutado pri instruado de Esperanto en la Oka Ĉina Kongreso de Esperanto

2011 年 12 月第九届全国世界语大会在安徽省合肥市开幕。

En decembro 2011, la Naŭa Ĉina Kongreso de Esperanto malfermiĝis en Hefei de Anhui-Provinco.

中华全国世界语协会副会长陈实（左排左起第五人）在第九届全国世界语大会上同各省世界语协会负责人座谈。

Chen Shi (la 5-a de maldekstre en la maldekstra vico), vicprezidanto de la Ĉina Esperanto-Ligo, kunsidas kun respondeculoj de provincaj Esperanto-Asocioj en la Naŭa Ĉina Kongreso de Esperanto.

在第九届全国世界语大会上中华全国世界语协会教师工作委员会召开工作会议。

En la Naŭa Ĉina Kongreso de Esperanto kunsidis la Ĉina Ligo de Esperantistaj Instruistoj de la Ĉina Esperanto-Ligo.

1993 年 3 月 13 日， 中国青年世界语协会、中国铁路员工世界语协会同时在北京召开成立大会。

Kunveno por fondiĝo de la Ĉina Junulara Esperanto-Asocio kaj la Ĉina Fervojista Esperanto-Asocio en Pekino, la 13-an de marto 1993

1994 年 4 月 15 日中国集邮世界语协会、中国围棋世界语协会同一天在北京成立。

En la 15-a de aprilo 1994, fondiĝis samtempe la Ĉina Filatela E-Asocio kaj la Ĉina Vejĉia E-Asocio en Pekino.

1994 年 4 月 18 日在山东省召开了第一届全国医学世界语会议。

En la 18-a de aprilo 1994, okazis la Unua Ĉina Medicina Konferenco de Esperanto en Shandong-Provinco.

出版长达 21 年的中华全国世界语协会会刊《世界》杂志（1981-2002）。

La Mondo, organo de la Ĉina Esperanto-Ligo, aperadis 21 jarojn (1981-2002).

2003 年中华全国世界语协会新的会刊《全国世协通讯》创刊。

En 2003 ekaperis la nova organo de ĈEL Informilo de ĈEL.

曾任全国人大常委会副委员长的胡愈之是中华全国世界语协会首任会长，也是中国报道杂志社创始人。

Hujucz, eksvicprezidanto de la Konstanta Komitato de la Tutlanda Popola Kongreso (TPK), estis la unua prezidanto de la Ĉina Esperanto-Ligo kaj ankaŭ unu el la iniciatintoj de *El Popola Ĉinio*.

曾任国务院语言文字工作委员会常务副主任的叶籁士是中华全国世界语协会第二任会长。

Ye Laishi, konstanta eksvicprezidanto de la Lingva Komisiono de la Ŝtata Konsilantaro de Ĉinio, estis la dua prezidanto de ĈEL.

曾任国务院语言文字工作委员会主任、商务印书馆总编辑的陈原是中华全国世界语协会第三任会长。

Chen Yuan, eksprezidanto de la Lingva Komisiono de la Ŝtata Konsilantaro de Ĉinio kaj eksĉefredaktoro de la Komerca Eldonejo, estis la 3-a prezidanto de ĈEL.

曾任中国报道杂志社副总编辑的谭秀珠是中华全国世界语协会第四任会长。

Tan Xiuzhu, eksvicĉefredaktoro de *El Popola Ĉinio*, estis la 4-a prezidanto de ĈEL.

曾任中国人民对外友好协会会长的陈昊苏是中华全国世界语协会现任会长。

Chen Haosu, eksprezidanto de la Ĉina Popola Asocio por Amikeco kun Fremdaj Landoj, estas la nuna prezidanto de ĈEL.

2 世界语刊物《中国报道》创刊
Eldoniĝo de la revuo El Popola Ĉinio

《中国报道》是新中国成立后对外报道刊物中创刊最早的刊物之一，出版时间长达 50 年。《中国报道》全面反映新中国各个时期的变革和建设成就、社会生活、传统和现代文化以及世界语运动，国际世界语界称赞它是"一部了解中国的百科全书"。它因内容丰富、图片优美、语言规范而被世界语者誉为国际上最好、最美的刊物之一。遗憾的是，自 1991 年苏联解体、东欧国家剧变以后，它的订户严重下滑。2001 年，为了适应网络时代，印刷版《中国报道》停刊，改为网络出版。

El Popola Ĉinio estas unu el la plej fruaj gazetoj por informi pri Ĉinio post la fondiĝo de la Ĉina Popola Respubliko. Dum sia 50-jara aperado ĝi konigis la reformojn, konstruajn sukcesojn kaj socian vivon, tradician kaj modernan kulturojn kaj Esperanto-movadon de la nova Ĉinio. La internacia esperantistaro ĝin nomis enciklopedio por koni Ĉinion, kaj ĝin laŭdis kiel unu el la plej bonaj kaj belaj gazetoj. Bedaŭrinde, post la disfalo de Sovetio kaj granda ŝanĝiĝo de la orienteŭropaj landoj en 1991, abrupte falis la abonkvanto de la gazeto. En la jaro 2001, konforme al la reta epoko, la papera *El Popola Ĉinio* ĉesis eldoniĝi kaj fariĝis reta.

1950 年出版的《中国报道》创刊号。

La unua numero de *El Popola Ĉinio* eldonita en 1950

1965 年时中国报道杂志社的同仁留影。

Laborantoj de *El Popola Ĉinio* en 1965

从上世纪 50 年代开始，中国报道杂志社翻译部的世界语者为刊物付出了艰辛的劳动，也成就了一批资深翻译家。

De la kvindekaj jaroj de la lasta jarcento, la traduka sekcio de *El Popola Ĉinio* elkulturis nombron da spertaj tradukistoj.

1980 年以后出版的部分刊物样本。

Specimenoj de *El Popola Ĉinio* eldonitaj post 1980

1985 年 5 月《中国报道》杂志创刊 35 周年，党和国家领导人（自左至右）胡愈之、姚依林、黄华亲自出席纪念茶话会。

En majo 1985, okazis festkunveno por celebri la 35-jariĝon de la gazeto *El Popola Ĉinio* kaj ĝin ĉeestis (de maldekstre) Hujucz, Yao Yilin, Huang Hua kaj aliaj gvidantoj de KPĈ kaj la ĉina registaro.

1985 年，时任国务院副总理的姚依林（左三）接见来华参加《中国报道》创刊 35 周年的北美世界语协会主席哈蒙先生（左二）。

Yao Yilin (la 3-a de maldekstre), vicĉefministro de la Ŝtata Konsilantaro de Ĉinio, akceptis William Harmon (la 2-a de maldekstre), prezidanton de la Esperanto-Ligo por Norda Ameriko, okaze de la jubileo de la 35-jariĝo de *El Popola Ĉinio* en 1985.

在《中国报道》创刊 40 周年纪念活动中，同仁们欢聚一堂，前排就坐的是《中国报道》历任老领导（自左至右）杨汝模、李奈西、李士俊、张中流、张企程、许善述。

Laborantoj de la gazeto *El Popola Ĉinio* kunsidis okaze de la celebrado de ĝia 40-jariĝo. En la unua vico sidis estraranoj de diversaj periodoj de EPĈ: (de maldekstre) Yang Rumo, Li Naixi, Laŭlum, Zhang Zhongliu, Zhang Qicheng kaj Xu Shanshu.

1991 年 12 月 6 日中国外文局原局长罗俊（右三）、林戊荪（右二）出席世界语会议。

Luo Jun (la 3-a de dekstre) kaj Lin Wusun (la 2-a de dekstre) ĉeestis Esperanto-kunvenon en la 6-a de decembro 1991.

老世界语者陈世德（前排左二）深受学生们的爱戴，1992 年中国报道杂志社、中国国际广播电台世界语部的工作人员向他祝贺 87 岁生日。

Veterana esperantisto Zensto (la 2-a de maldekstre en la unua vico) estis tre amata de siaj lernantoj. Jen laborantoj de la redakcio de *El Popola Ĉinio* kaj la Esperanta Sekcio de la Ĉina Radio Internacia celebris lian 87-jariĝon en 1992.

中国报道杂志社老领导（自左至右）吴恂南、毛大风、李红杰在 2010 年春节联欢会上。

Eksgvidantoj de *El Popola Ĉinio* (de maldekstre) Wu Xunnan, Mao Dafeng kaj Li Hongjie en kunmanĝado por la Printempa Festo en 2010.

2000 年 5 月《中国报道》迎来 50 周年庆，举行了隆重的纪念活动，时任副总编辑的张梅芝（左）、于涛（右）在主持纪念大会。

En majo 2000, *El Popola Ĉinio* solene celebris sian 50-jariĝon. Ĝiaj vicĉefredaktoroj Zhang Meizhi (maldekstre) kaj Yu Tao (dekstre) prezidis la festkunvenon.

2000 年应邀参加《中国报道》创刊 50 周年活动的外国世界语者在中国外文局门前合影留念。

Fremdlandaj esperantistoj invititaj al la jubileado pri la 50-jariĝo de *El Popola Ĉinio* antaŭ la Ĉina Fremdlingva Buroo en 2000

比利时读者 Charles Ghiselin 生前立下遗嘱，将自己的全部遗产捐赠给中国报道杂志社，用于发展世界语事业。

Belga leganto Charles Ghiselin donacis sian tutan proprietaĵon al la redakcio de *El Popola Ĉinio* por servigi ĝin al Esperanto kaj faris testamenton pri tio antaŭ sia forpaso.

中国报道杂志社的同仁游览北京天安门广场。

Gekolegoj de la redakcio de *El Popola Ĉinio* sur Tian'anmen-Placo

比利时世界语者 Vanbiervliet Cesar 珍藏的《中国报道》杂志。

Binditaj jarkolektoj de *El Popola Ĉinio* konservitaj de belga esperantisto Vanbiervliet Cesar

2009 年 9 月，中国报道杂志社的老干部到京郊秋游。

Emeritoj de la redakcio de *El Popola Ĉinio* ekskursas al antaŭurbo de Pekino en aŭtuno.

3 中国国际广播电台世界语广播
Esperantaj elsendoj en la Ĉina Radio Internacia

中国国际广播电台世界语广播于 1964 年 12 月 19 日正式开播。现在每天分别对欧洲、东南亚及大洋洲、东北亚和拉丁美洲 4 个方向广播，利用 9 个短波波段及 1 个中波波段播出。每天播出 5 次，每次 1 小时。节目内容涵盖了新闻、时事以及听众服务、旅游、中国文化、经济大观、社会生活、世界语人物及事件报道等。2003 年，世界语部创办季刊《话筒》，增强了与听众的联系，现在已经成为世界语传播的重要品牌。世界语部与分布在世界上近 80 个国家和地区的听众保持着紧密的联系，其播音时间之长、覆盖面之广、持续时间之久在世界语广播史上独领风骚，深受各国世界语听众的欢迎。

2009 年 12 月中国国际广播电台世界语部举行了世界语广播开播 45 周年庆祝大会。
En decembro 2009, la Esperanta Sekcio de la Ĉina Radio Internacia okazigis kunvenon por celebri la 45-jariĝon de la Esperantaj elsendoj.

En la 19-a de decembro 1964, la Ĉina Radio Internacia komencis sian disaŭdigadon en Esperanto. Nun ĝi disaŭdigas ĉiutage kvinfoje sian Esperantan programon unuhoran al la kvar regionoj Eŭropo, Sudorienta Azio kaj Oceanio, Nordorienta Azio kaj Latinameriko per 9 kurtaj ondoj kaj 1 mezlonga ondo. Ĝia programo konsistas el novaĵoj, turismo, ĉina kulturo, ekonomio, socia vivo, Esperantaj personoj kaj eventoj kaj servo al la aŭskultantoj. En 2003, la Esperanta Sekcio komencis eldoni la 3-monatan periodaĵon *Mikrofone* por plifortigi sian rilaton kun la aŭskultantoj, kaj ĝi jam fariĝis grava unuo por disvastigo de Esperanto. Ĝi interligiĝas kun siaj aŭskultantoj en preskaŭ 80 landoj. Kaj ĝiaj elsendoj per sia longdaŭra kaj vasta disaŭdigo fariĝis unikaj en la historio de la Esperanta radiodisaŭdigo kaj estas tre bonvenaj al la diverslandaj aŭskultantoj.

世界语部的同志在纪念会上合影留念。

Laborantoj de la Esperanta Sekcio de la Ĉina Radio Internacia en la festtago

熊姗（左）、丁晓松正在播音。

Xiong Shan (maldekstre) kaj Ding Xiaosong, nova generacio de Esperanto-parolistoj

老一代世界语者始终关心世界语广播，这是1979年世界语广播开播15周年他们到会祝贺时与世界语部的同志合影。

La esperantistoj de la maljuna generacio ĉiam zorgadis la Esperantan radiodisaŭdigon, jen ili fotiĝis kun ĝiaj laborantoj okaze de la 15-jariĝo de la Esperanta Sekcio en 1979.

世界语部元老、国际世界语学院院士谢玉明（右三）和各地世界语者在一起。

Veterana laboranto kaj akademiano Xie Yuming (la 3-a de dekstre) kune kun diverslokaj esperantistoj

李玉萍（右一）1997年在第82届国际世界语大会上进行采访。

Raportistino Li Yuping de la Ĉina Radio Internacia (la 1-a de dekstre) en la 82-a UK, 1997

2001年11月23日世界语部原主任杭军（右一）与来访的国际世界语协会前主席李种永交谈。

Hang Jun (la 1-a de dekstre), eksestrino de la Esperanta Sekcio, interparolis kun s-ro Lee Chong-Yeong, eksprezidanto de UEA dum lia vizito al Ĉinio en la 23-a de novembro 2001.

1986年世界语部南由礼（左二）、王玉琴（右二）与听众一起合影。

Laborantoj de la Esperanta Sekcio Nan Youli (la 2-a de maldekstre) kaj Wang Yuqin (la 2-a de dekstre) kune kun aŭskultantoj en 1986

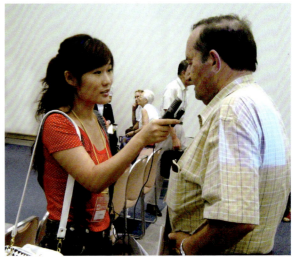

2009年7月，赵建平（左）和陈丽娜（右）在捷克布拉格采访捷克女诗人 Eli Urbanova 女士。En julio 2009, Zhao Jianping (maldekstre) kaj Chen Lina (dekstre) intervjuis ĉeĥan poetinon Eli Urbanova.

王珊珊（左）2007年8月采访国际世界语协会前主席 R. Corsetti。

Raportistino Wang Shanshan (maldekstre) de la Ĉina Radio Internacia intervjuis R. Corsetti, eksprezidanton de UEA en aŭgusto 2007.

中国国际广播电台世界语部出版的《话筒》杂志。
Mikrofone de la Esperanta Sekcio de Ĉina Radio Internacia

世界语部经常派记者到全国各地采访，前任主任于建超 2006 年 7 月采访一位少数民族女孩。

La Esperanta Sekcio de Ĉina Radio Internacia ofte sendas raportistojn al diversaj lokoj por raportado. La ekssekciestrino Yu Jianchao intervjuis knabinon de nacimi-noritato en julio 2006.

4 中国世界语之友会的建立
Fondiĝo de Ĉina Societo de Amikoj de Esperanto

中国世界语之友会是由知名人士楚图南、胡愈之、巴金、夏衍、谢冰心、赵朴初、叶圣陶、白寿彝、叶籁士、朱九思发起成立的国家级的支持世界语的组织，它促进了中国世界语运动的发展，受到国际世界语界的称赞。该会于 1981 年 12 月成立，第一批会员大多数是政界的要人，文化、科技、教育、新闻界的知名专家学者，其中有几位还是全国人大常委会副委员长和全国政协副主席。这一组织的建立显示了中国发展世界语运动有较好的社会环境和条件。

楚图南，中国世界语之友会第一任会长。曾任全国人大常委会副委员长。

Chu Tunan, la unua prezidanto de la Ĉina Societo de Amikoj de Esperanto, estis vicprezidanto de la Konstanta Komitato de TPK.

胡愈之，曾任全国人大常委会副委员长。

Hujucz estis vicprezidanto de la Konstanta Komitato de TPK.

巴金，著名文学家。曾任全国政协副主席、中国作家协会主席。

Bakin, fama verkisto, estis vicprezidanto de la Tutlanda Komitato de ĈPPIK kaj prezidanto de la Ĉina Verkista Asocio.

夏衍，著名文学家。曾任全国政协常委、中国文联副主席。

Xia Yan, fama literaturisto, estis konstanta membro de la Tutlanda Komitato de ĈPPIK kaj vicprezidanto de la Ĉina Federacio de Literaturo kaj Arta Rondoj.

La tutlanda organizo Ĉina Societo de Amikoj de Esperanto iniciatita de la renomaj personoj Chu Tunan, Hujucz, Bakin, Xia Yan, Xie Bingxin, Zhao Puchu, Ye Shengtao, Bai Shouyi, Ye Laishi kaj Zhu Jiusi akcelis la disvolviĝon de la ĉina Esperanto-movado kaj estas laŭdita de la internacia esperantistaro. Ĝi fondiĝis en decembro de 1981 kaj ĝiaj unuaj membroj estis plejparte politikaj eminentuloj, famaj specialistoj en kultura, scienca, eduka kaj ĵurnalisma rondoj, inter kiuj kelkaj estis vicprezidantoj de la Konstanta Komitato de TPK kaj vicprezidantoj de la Tutlanda Komitato de ĈPPIK. La fondo de tiu societo montras, ke la ĉina Esperanto-movado havas relative bonajn sociajn cirkonstancojn kaj kondiĉojn.

谢冰心，著名作家。曾任中国民主促进会中央名誉主席。

Xie Bingxin, fama verkistino, estis honora prezidanto de la Centra Komitato de la Ĉina Asocio por Akceli Demokration.

赵朴初，原中国佛教协会会长。曾任全国政协副主席。

Zhao Puchu, eksprezidanto de la Ĉina Budhista Ligo, estis vicprezidanto de la Tutlanda Komitato de ĈPPIK.

叶圣陶，著名教育家、出版家。曾任全国政协副主席。

Ye Shengtao, fama edukisto kaj eldonisto, estis vicprezidanto de la Tutlanda Komitato de ĈPPIK.

白寿彝，著名历史学家。曾任全国人大常委、全国政协常委。

Bai Shouyi, fama historisto, estis membro de la Konstanta Komitato de TPK kaj konstanta membro de la Tutlanda Komitato de ĈPPIK.

叶籁士，著名文字改革家、语言学家。曾任中国文字改革委员会常务副主任。

Ye Laishi, fama reformisto de la ĉina lingvo kaj lingvisto, estis konstanta vicestro de la Reforma Komitato de la Ĉina Lingvo.

朱九思，著名教育家。

Zhu Jiusi, fama edukisto.

雷洁琼，著名社会学家、法学家、教育家。曾任全国政协副主席、全国人大常委会副委员长。

Lei Jieqiong, fama sociologo, juristo kaj edukisto, estis vicprezidanto de la Tutlanda Komitato de ĈPPIK kaj vicprezidanto de la Konstanta Komitato de TPK.

胡绳，著名历史学家、哲学家。曾任全国政协副主席、中国社会科学院院长。

Hu Sheng, fama historisto kaj filozofo, estis vicprezidanto de la Tutlanda Komitato de ĈPPIK, prezidanto de la Ĉina Akademio de Sociaj Sciencoj.

周培源，著名物理学家。曾任全国政协副主席。

Zhou Peiyuan, fama fizikisto, estis vicprezidanto de la Tutlanda Komitato de ĈPPIK.

柴泽民，中国世界语之友会第二任会长，新中国首任驻美大使。

Chai Zemin estis la dua prezidanto de la Ĉina Societo de Amikoj de Esperanto, la unua ambasadoro de la nova Ĉinio al Usono.

1981 年 12 月中国世界语之友会成立大会现场
Kunveno por fondo de la Ĉina Societo de Amikoj de Esperanto en decembro 1981

1986 年中国世界语之友会会长楚图南（右一）会见国际世界语协会主席格雷古瓦·马尔腾斯。

Chu Tunan (la 1-a de dekstre), prezidanto de la Ĉina Societo de Amikoj de Esperanto, inter-parolas kun Grégoire Maertens, prezidanto de UEA en 1986.

1991 年时任中华全国世界语协会代理秘书长的刘铃在中华全国世界语协会成立 40 周年、中国世界语之友会成立 10 周年大会上作工作报告。

Liu Ling, aganta ĝenerala sekretario de la Ĉina Esperanto-Ligo faras raporton pri la laboroj en la kunsido por celebri la 40-jariĝon de ĈEL kaj la 10-jariĝon de la Ĉina Societo de Amikoj de Esperanto en 1991.

2003 年夏中国世界语之友会召开座谈会，就即将于 2004 年召开的第 89 届国际世界语大会听取意见，会后参会人员在中国外文局门口合影留念。

Somere de 2003, okazis kunsido de la Ĉina Societo de Amikoj de Esperanto por kolekti opiniojn pri la okazonta 89-a UK en Pekino, kaj ĝiaj partoprenantoj fotiĝis antaŭ la pordo de la Ĉina Fremdlingva Eldona kaj Distribua Buroo.

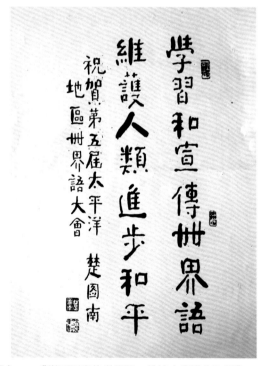

楚图南为世界语题词之一："学习和宣传世界语，维护人类进步和平"。

Surskribo de Chu Tunan pri Esperanto: Lernu Esperanton por la progreso kaj paco de la homaro.

冰心为世界语的题词："懂得世界语，就懂得世界"。

Surskribo de Xie Bingxin pri Esperanto: Kiam vi posedos Esperanton, vi scios la mondon.

5 各地成立世界语协会
Fondiĝo de diverslokaj Esperanto-asocioj

在上世纪 80 至 90 年代，全国各省、自治区、直辖市除西藏、贵州外，共成立了 29 个世界语协会，香港回归后也建立了世界语协会。各地世界语组织每年都要开展一些活动，或在街头举办世界语咨询，或开办世界语班，或举办世界语夏令周和冬令营，或召开世界语学术讨论会，或接待来访的外国世界语者等等。部分省级世界语协会还联合举办跨省的区域性世界语大会，如东北和内蒙古地区、西北地区、华北地区世界语大会。

1981 年 1 月 25 日北京市世界语协会成立。

La kunveno por fondi la Pekinan Esperanto-Asocion en la 25-a de januaro 1981.

曾任全国政协副主席的肖克上将（右一）1987 年参观在北京举行的纪念世界语诞生一百周年展览。

Eksvicprezidanto de la Tutlanda Komitato de ĈPPIK, ĉefgeneralo Xiao Ke (la 1-a de dekstre) en la ekspozicio memore al la 100-jariĝo de Esperanto en 1987 en Pekino.

De la okdekaj ĝis la naŭdekaj jaroj de la pasinta jarcento, fondiĝis 29 Esperantaj asocioj en ĉiuj provincoj kaj aŭtonomaj regionoj de Ĉinio escepte de Tibeto kaj Guizhou-Provinco. Esperanto-asocio fondiĝis ankaŭ en Hongkongo post ĝia reveno al Ĉinio. Ĉiuj tiuj organizoj ĉiujare okazigas diversajn Esperantajn aktivadojn: propagandi Esperanton surstrate, funkciigi E-kursojn, organizi someran kaj vintran kunloĝadon, organizi forumojn kaj seminariojn, gastigi eksterlandajn esperantistojn ktp. Iuj provincaj asocioj ankaŭ kune okazigis regionajn kongresojn, kiel tiuj de Nordorienta Ĉinio kaj Interna Mongolio, Nordokcidenta Ĉinio kaj Norda Ĉinio.

北京市世界语协会每年都要举办学术讨论会，此为 2009 年讨论会。

Ĉiujare la Pekina Esperanto-Asocio okazigas seminariojn kun diversaj temoj. Jen ĝia seminario en 2009.

2011 年 1 月北京市世界语协会隆重举行成立 30 周年纪念会。

En januaro de 2011, la Pekina Esperanto-Asocio solene celebris sian 30-jariĝon.

天津世界语协会负责人与第一期世界语班学员合影。

Gvidantoj de la Tianjin-a Esperanto-Asocio kun lernantoj de ĝia unua Esperanto-kurso

1993 年 12 月 19 日出席天津世界语协会年会的与会者合影。

Partoprenantoj de la jara kunsido de la Tianjin-a Esperanto-Asocio en la 19-a de decembro 1993

1982 年 11 月上海市世界语协会举行成立大会。

En novembro de 1982, fondiĝis la Ŝanhaja Esperanto-Asocio.

华东师范大学副校长王亚朴（前排左五）、世界语教师潘迩书教授（前排左四）与该校世界语学员在一起。

Wang Yapu (la 5-a de maldekstre en la unua vico), vicrektoro de la Orientĉinia Normala Universitato kaj prof. Pan Dishu (la 4-a de maldekstre en la unua vico), kun studentoj de la Esperanto-kurso de tiu universitato

出席第 89 届国际世界语大会的重庆代表团在会场外留影。

La samideanoj el Chongqing en la 89-a Universala Kongreso de Esperanto

参加 2007 年重庆世界语夏令周的学员留影。　　Partoprenantoj de la Esperanta Somera Semajno de Chongqing en 2007

武汉历来是中国世界语运动的中心城市之一，即使在"文化大革命"中，一批世界语者仍坚持活动，这是 1974 年武汉世界语小组成员在纪念柴门霍夫诞辰 115 周年后的合影。

La urbo Wuhan estas unu el la centroj de la ĉina Esperanto-movado kaj nombro da esperantistoj persistis en aktivado por Esperanto eĉ dum la malfacila periodo de la Granda Revolucio Kultura. Jen la Esperanta grupo de la urbo festas la 115-an datrevenon de la naskiĝo de Zamenhof en 1974.

著名世界语活动家方善境先生（前排左三）与出席湖北省世界语协会成立大会的一批老世界语者合影。

Fama Esperanto-movadano Tikos (la 3-a de maldekstre en la unua vico) kaj aliaj veteranaj esperantistoj kiuj ĉeestis la fondan kongreson de la Hubei-a Esperanto-Asocio.

1979 年 5 月 1 日，湖北世界语者率先在全国建立了第一个省级世界语协会，与会代表与来自外地的客人合影留念。

En la 1-a de majo, 1979, esperantistoj de Hubei-Provinco fondis la unuan provincan Esperanto-asocion en Ĉinio. La foto montras la partoprenantojn de la fonda kongreso kun gastoj el aliaj lokoj.

1998 年为纪念柴门霍夫诞辰 139 周年，广东广州世界语协会举办世界语与文化交流展览。

En 1998, la Esperanto-Asocioj de Guangdong-Provinco kaj Kantono okazigis Ekspozicion pri Esperanto kaj Kultura Interfluo por celebri la 139-an datrevenon de la naskiĝo de Zamenhof.

2002 年 9 月，广东广州的世界语者隆重纪念协会成立 20 周年。

En septembro 2002, esperantistoj de Guangdong-Provinco kaj Kantono solene celebris la 20-jariĝon de siaj Esperanto-asocioj.

2008 年第五届中国世界语旅游节在广东中山市举行。

En 2008, la Kvina Ĉina Esperanta Turisma Festivalo okazis en la urbo Zhongshan de Guangdong.

广东省是世界语运动比较活跃的省份之一，2011 年 1 月第二届世界语冬训营在广州举办。

Guangdong estas unu el la provincoj kie viglas Esperanto-movado. La foto prezentas la Duan Vintran Kunloĝadon de Esperanto en januaro 2011.

1985 年 6 月 9 日，辽宁省世界语协会宣告成立。

En la 9-a de junio 1985, fondiĝis la Esperanto-Asocio de Liaoning-Provinco.

1983 年内蒙古世界语协会举办了第一期世界语口语班。

La Esperanto-Asocio de Interna Mongolio funkciigis sian unuan parolan kurson de Esperanto en 1983.

1985 年 6 月丹东市世界语协会成立，从此丹东成为辽宁省世界语运动比较活跃的城市之一。

En junio 1985, fondiĝis la Esperanto-Asocio de Dandong, kaj ekde tiam Dandong fariĝis unu el la urboj de Liaoning-Provinco kun vigla Esperanto-aktivado.

2010 年 6 月，参加呼和浩特世界语六月联欢的世界语者合影。

Partoprenantoj de la Hohhota Amikec-akcela Kunveno en junio 2010.

1985 年 3 月陕西省世界语协会成立。

En marto 1985, fondiĝis la Shaanxi-a Esperanto-Asocio.

1986 年延安地区世界语协会成立。

En 1986 fondiĝis la Yan'an-a Esperanto-Asocio.

1980 年山西省世界语协会的负责人与世界语学员一起留影。

Respondeculoj de la Esperanto-Asocio de Shanxi-Provinco kun Esperanto-kursanoj en 1980

1987 年云南世界语协会召开世界语诞生 100 周年纪念会。

En 1987 la Esperanto-Asocio de Yunnan-Provinco celebris la 100-jaran jubileon de Esperanto.

在上世纪八十年代，云南的许多大学都开设过世界语选修课，这是云南民族学院柴门霍夫班的学员合影留念。

En la okdekaj jaroj de la pasinta jarcento, pluraj universitatoj en Yunnan fondis fakultativan Esperanto-kurson. Jen gestudentoj de la Zamenhofa Kurso en la Yunnan-a Naciminoritata Instituto.

1985 年 4 月，哈尔滨世界语协会成立。
En aprilo 1985 fondiĝis la Harbina Esperanto-Asocio.

黑龙江世界语协会多年来在一些高等院校开设世界语班，传播世界语，这是他们举办第三届哈尔滨青年世界语研讨会时留下的身影。

De multaj jaroj, la Esperanto-Asocio de Heilongjiang-Provinco funkciigis Esperanto-kursojn en superaj lernejoj por disvastigi Esperanton. Jen partopre-nantoj de la 3-a Junulara Seminario en Esperanto de Harbino.

吉林省拥有一批活跃的世界语者，1996 年 12 月举办了吉林省世界语学会第四届会议。

En Jilin-Provinco aktivas aro da viglaj esperantistoj. Jen la 4-a Kongreso de la Jilin-Provinca Esperanto-Instituto.

2007 年 4 月，吉林延边世界语者纪念协会成立 21 周年。

En aprilo 2007, la Yanbian-a Esperanto-Asocio de Jilin-Provinco celebris sian 21-jariĝon.

2006 年 6 月山东世界语者欢聚一堂，庆祝山东省世界语协会成立 20 周年。

En junio 2006, esperantistoj de Shandong-Provinco kunsidis por celebri la 20-jariĝon de sia Esperanto-Asocio.

为纪念协会成立 18 周年，枣庄世界语协会特在市内竖立柴门霍夫塑像，以作纪念。

Por celebri la 18-jariĝon de la Zaozhuang-a Esperanto-Asocio, la asocio speciale starigis statuton de Zamenhof en tiu urbo.

2012 年 5 月 7 日，山东枣庄学院国际世界语博物馆筹备工作会议在北京举行，陈昊苏（前排左六）、郭晓勇（前排左五）与枣庄学院院长胡小林（前排左七）、副院长曹胜强（前排左四）及与会者在中国外文局门前留影。

En la 7-a de majo 2012, okazis en Pekino la prepara kunveno por fondi la Internacian Esperantan Muzeon en la Zaozhuang-a Kolegio de Shandong-Provinco. Antaŭ la kunveno, kune fotiĝis Chen Haosu (la 6-a de maldekstre en la unua vico), Guo Xiaoyong (la 5-a de maldekstre en la unua vico) kaj la direktoro de la Zaozhuang-a Kolegio Hu Xiaolin (la 7-a de maldekstre en la unua vico) kaj ĝia vic-direktoro Cao Shengqiang (la 4-a de maldekstre en la unua vico) kaj aliaj ĉeestantoj antaŭ la pordo de la Ĉina Fremdlingva Eldona kaj Distribua Buroo.

1988 年 9 月 18 日，河北省世界语协会成立。

En la 18-a de septembro 1988, fondiĝis la Esperanto-Asocio de Hebei-Provinco.

1987 年孔雷（左二）因学习世界语荣获郑州市职工自学成才奖，图为他与当地青年交流学习世界语心得。

En 1987, Kong Lei (la 2-a de maldekstre) gajnis premion de la urbo Zhengzhou por oficisto sukcesinta en memlernado de Esperanto. Jen li kaj samlokaj gejunuloj en interŝanĝo de sperto pri lerno de Esperanto .

1989 年，河南省世界语协会年会在洛阳市举办。

En 1989 okazis la jara kunveno de la Esperanto-Asocio de Henan-Provinco en Luoyang-urbo.

2006年1月，甘肃世界语者举行酒会庆祝甘肃省世界语协会成立20周年。

En januaro 2006, la Esperanto-Asocio de Gansu-Provinco festis sian 20-jariĝon.

1982年8月1日，兰州市世界语学会成立。

En la 1-a de aŭgusto 1982, fondiĝis la Lanzhou-a Esperanto-Asocio.

1980年10月，出席湖南省世界语协会成立大会的外地代表与当地世协负责人合影。

En oktobro 1980, fondiĝis la Esperanto-Asocio de Hunan-Provinco. Jen gastoj el aliaj lokoj kun respondeculoj de la asocio.

2011年9月25日湖南省世界语协会俱乐部成立，与会者合影留念。

En la 25-a de septembro 2011, fondiĝis la klubo de la Esperanto-Asocio de Hunan-Provinco. Jen la klubanoj.

2011 年 11 月参加江西省世界语协会举办的第四届庐山世界语论坛的世界语者。

En novembro 2011, okazis la Kvara Lushan-Forumo de Esperanto aranĝita de la Jiangxi-a Esperanto-Asocio. Jen la partoprenantoj de la forumo.

1995 年 4 月福建省福州市世界语学会成立。

En aprilo 1995, fondiĝis la Fuzhou-a Esperanto-Asocio de Fujian-Provinco.

2011 年 9 月，新成立的南昌大学世界语协会举行秋游活动。

Ekskurso aranĝita de la nove fondita Esperanto-Asocio de la Nanchang-a Universitato en septembro 2011

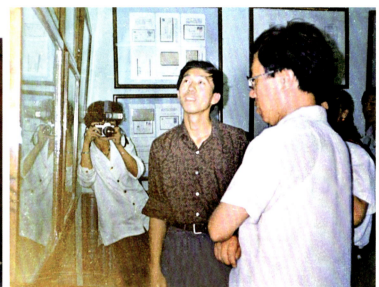

1987 年 8 月时任文化部部长王蒙（右一）参观新疆维吾尔自治区世界语协会举办的纪念世界语诞生 100 周年集邮书刊图片展览。

En aŭgusto 1987, Wang Meng (dekstre), ministro de kulturaj aferoj de Ĉinio, vizitis la Ekspozicion pri Esperantaj Filatelaĵoj kaj Eldonaĵoj aranĝitan de la Esperanto-Asocio de la Xinjiang-a Ujgura Aŭtonoma Regiono por memorigi la centjariĝon de Esperanto.

（上图）1982 年安徽省世界语协会、合肥市世界语协会联合举办纪念柴门霍夫诞辰 123 周年大会。

(Supre) En 1982, la Esperanto-Asocioj de Anhui-Provinco kaj Hefei kune okazigis kunsidon por celebri la 123-an datrevenon de la naskiĝo de Zamenhof.

（左图）1982 年，四川省世界语协会在成都举办的世界语展览吸引了很多青年人。

(Maldekstre) En 1982 okazis en Chengdu la Esperanto-ekspozicio aranĝita de la Sichuan-a E-Asocio, kiu altiris al si multajn gejunulojn.

1979年10月贵阳铁路房建段举办的世界语班。

En oktobro 1979, fondiĝis Esperanto-kurso en la Fervoja Domkonstrua Sekcio de Guiyang.

上世纪八十年代，广西南宁举办世界语班，许多青年参加了学习。

Esperanto-kurso en Nanning en la okdekaj jaroj de la pasinta jarcento

香港世界语协会会长李仁芝（左四）2000年在协会会所接待内蒙古世界语协会会长李森（左三）等世界语者。

En 2000, Li Renzhi (la 4-a de maldekstre), prezidanto de la Hongkonga E-Asocio, bonvenigis Li Sen (la 3-a de maldekstre), prezidanton de la E-Asocio de Interna Mongolio, en la oficejo de la asocio.

与**希望**同行——世界语运动在中国
ANTAUEN KUN ESPERO —— PRI LA CINA ESPERANTO-MOVADO

2003 年第一届华北世界语大会在北京举行。

En 2003, la Unua Nordĉinia Kongreso de Esperanto okazis en Pekino.

2010 年 8 月第六届东北三省、内蒙古世界语大会在丹东市举行。

En aŭgusto 2010, la Sesa Esperanto-Kongreso de Nordoriento kaj Interna Mongolio de Ĉinio okazis en Dandong.

参加第六届东北地区世界语大会的世界语者为著名世界语者李森（左一）、李士俊（左二）两位老先生祝贺 88 岁生日。

Partoprenantoj de la Sesa Esperanto-Kongreso de Nordoriento kaj Interna Mongolio de Ĉinio celebras la 88-jariĝon de la du famaj esperantistoj Li Sen (la 1-a de maldekstre) kaj Laŭlum (la 2-a de maldekstre).

2006 年 11 月在海南（国际）世界语旅游文化研讨会上著名世界语者胡国柱发言。

Fama esperantisto Hu Guozhu parolas en la Seminario pri Esperanta Turisma Kulturo en Hainan en novembro 2006.

上世纪八、九十年代由著名世界语者张麟瑞先生编辑出版的半月刊《绿萤》小刊，它以内容丰富、刻写精美、报道及时而深受读者喜爱。

En la okdekaj kaj naŭdekaj jaroj de la pasinta jarcento, la duonmonata gazeto *Verda Lampiro* redaktita kaj eldonita de fama esperantisto Zhang Linrui estis tre ŝatata pro siaj riĉa enhavo, aktualaj informoj kaj bela mimeografado.

第五届中国世界语商人年会于 2011 年 10 月在杭州举行。

En oktobro 2011, la Kvina Jarkunveno de Ĉinaj E-Komercistoj de IKEF okazis en Hangzhou.

时任中国科学院院长的卢嘉锡（前排左三）、力学家谈镐生（前排左四）接见中科院科技工作者世界语协会口语学习班的学员。

Lu Jiaxi (la 3-a de maldekstre en la unua vico), prezidanto de la Ĉina Akademio de Sciencoj, kaj Tan Haosheng (la 4-a de maldekstre en la unua vico), meĥanikisto, kun gelernantoj de la Konversacia Esperanto-Kurso por sciencaj kaj teknologiaj laborantoj de la Akademio

值得一提的是，中国科学院世界语协会在上世纪八、九十年代也做了许多工作，他们在北京召开了6届科技世界语大会，出版《世界科学与技术》季刊（1985-1998），在科学家和科技工作者中宣传世界语，赢得中国科学院历届院长和许多著名科学家的支持，促进了世界语在科技领域的传播和中外科学技术的交流。

Menciinda estas la Esperanto-Asocio de la Ĉina Akademio de Sciencoj en la okdekaj kaj naŭdekaj jaroj de la lasta jarcento, kiu okazigis en Pekino 6 sciencajn kongresojn, eldonis la trimestran gazeton *Mondaj Sciencoj kaj Teknologioj* (1985-1998), propagandis Esperanton inter sciencistoj kaj teknikistoj, gajnis subtenon de la prezidantoj de la Ĉina Akademio de Sciencoj kaj multaj sciencistoj, kaj akcelis interfluon de sciencoj kaj teknologioj per Esperanto.

中国昆虫学界的泰斗周尧教授一生致力于世界语的科技交流，用世界语发表了许多著作。

Fama ĉina entomologo prof. Zhou Io aplikadis Esperanton en sia scienca internacia aktivado kaj publikigis multajn verkojn en Esperanto.

中国科学院科技世界语学会出版的《世界科学技术》杂志。

Tutmondaj Scienco kaj Tekniko, gazeto eldonita de la Esperanto-Asocio de la Ĉina Akademio de Sciencoj

1990 年 5 月在北京召开了第三届国际世界语科学技术会议。

En majo 1990, okazis en Pekino la Tria Internacia Akademia Konferenco pri Scienco kaj Tekniko en Esperanto.

6 世界语教学
Esperanto-instruado

中国采用多种方式培养世界语人才，在世界语界既具有中国特色，也是一种探索。国家教育部曾采取了多种措施培养世界语者：1963 年，高教部下达通知：全国高等院校凡有条件者可在外文系开设世界语第二外语课，其他系科可开设选修课。同年 11 月，高教部从全国 11 所大学调来一批青年教师，在中国人民大学举办世界语教师进修班，以便为高等院校培养世界语师资。这以后，北京大学、中国人民大学、上海外国语学院、华中师范大学、北京邮电学院等大学开设了世界语课程。1982 年教育部向各省教育厅下达通知，进一步规定毕业生毕业、干部考核和考研究生可将世界语作为第二外语科目，并下令在北京外国语学院、上海外国语学院共举办 8 期高等院校世界语教师进修班。全国数十所高等院校开设了世界语选修课；教育部还 6 次批准在北京广播学院（后改名为中国传媒大学）招收世界语专业学生，定向培养世界语工作者，学生毕业后被分配到世界语专业单位工作，保证了这些单位后继有人。上世纪八十年代，各地世界语组织除采用办讲习班和函授的传统方式外，还举办世界语广播或电视讲座培养人才，其中最著名的有新华世界语函授学校和淮南、黄石、重庆、安徽等省市举办的函授学校，中国世界语刊授学校，青岛大学与中央电视台联合举办的世界语电视讲座也受到大家的欢迎。

1963 年高等院校世界语教师进修班的学员结业后与中华全国世界语协会领导和世界语专业单位的同志合影留念。

La gvidantoj de ĈEL kaj aliaj samideanoj de Esperantaj institucioj kun la lernantoj de la Esperanto-Kurso por Instruistoj de Superaj Lernejoj post ilia diplomitiĝo en 1963

与希望同行——世界语运动在中国
ANTAŬEN KUN ESPERO —— PRI LA ĈINA ESPERANTO-MOVADO

1963 年高等院校世界语教师进修班毕业汇报
演出《青年一代》。

Okaze de la fino de la Esperanto-Kurso por
Instruistoj de Superaj Lernejoj, la gekursanoj
ludis la dramon "Juna Generacio" en Espe-
ranto en 1963.

Ĉinio aplikis diversajn manierojn por kulturi esperantistojn. Kaj poste ankaŭ la
edukaj institucioj de la ŝtato faris paŝojn por elbaki Esperantajn laborantojn. En 1963, la
Ĉina Ministerio pri Supera Edukado dekretis, ke la superaj lernejoj de la tuta lando, kiuj
havas necesajn kondiĉojn, povas fondi kurson de Esperanto kiel la dua fremda lingvo en la
fremdlingva fakultato, kaj instrui Esperanton fakultative en aliaj fakultatoj. En novembro
de la sama jaro, la Ĉina Ministerio pri Supera Edukado kolektis junajn instruistojn el
11 universitatoj kaj fondis por ili Esperanto-kurson en la Ĉina Popola Universitato por
elbaki Esperantajn instruistojn de superaj lernejoj. Kaj poste, la Pekina Universitato,
la Ĉina Popola Universitato, la Ŝanhaja Fremdlingva Instituto, la Centraĉinia Normala
Universitato, la Pekina Poŝta kaj Telekomunika Universitato kaj aliaj superaj lernejoj
fondis E-kursojn. En 1982, la Eduka Ministerio de Ĉinio sciigis al la edukaj burooj de la
provincoj, ke Esperanto povas esti konsiderata kiel la dua fremda lingvo por ekzamenoj
por superlerneja diplomitiĝo, postuniversitata studo por magistreco aŭ doktoreco kaj
promocio de kadroj. Dank' al tio en dekoj da superaj lernejoj de Ĉinio fondiĝis fakultativaj
Esperanto-kursoj. La Pekina Fremdlingva Instituto kaj la Ŝanhaja Fremdlingva Instituto
fondis sume 8 Esperanto-kursojn por elbaki E-instruistojn, kaj la Pekina Brodkasta
Instituto (nun la Ĉina Komunika Universitato) sesfoje fondis specialajn E-kursojn por
elbaki profesiajn E-laborantojn. En la okdekaj jaroj de la pasinta jarcento, la diverslokaj
E-organizoj fondis radiajn kaj televidajn E-kursojn, krom la starigo de tradiciaj kursoj
kaj korespondaj lernejoj por elbaki esperantistojn. La plej famaj el ili estis la Koresponda
Esperanto-Lernejo Xinhua kaj tiuj de Huainan, Huangshi, Chongqing kaj Anhui, la
Ĉina Koresponda Esperanto-Instituto, kaj tre bonvenis ankaŭ la televida E-kurso kune
funkciigita de la Qingdao-a Universitato kaj la Ĉina Centra Televida Stacio.

1982 年全国第二届高等院校世界语教师进修班学员与教师李士俊（前排正中）、殷国义（前排左四）合影留念。

Laŭlum (meze en la unua vico) kaj Yin Guoyi (la 4-a de mal-dekstre en la unua vico), instruistoj de la Dua Esperanto-Kurso por Instruistoj de Superaj Lernejoj, kun siaj gestudentoj en 1982

1987 年，著名作家巴金（右一）在家中接待上海外国语学院世界语教师班的师生。

Instruisto kaj studentoj de la Esperanto-Kurso por Instruistoj de la Ŝanhaja Fremdlingva Instituto en la hejmo de Bakin (la 1-a de dekstre) en 1987

四川财经学院副院长刘洪康教授亲自为大学生上世界语选修课。

Prof. Liu Hongkang, vicrektoro de la Sichuan-a Financa Instituto gvidas fakultativan Esperanto-kurson.

焦夕洋女士为辽宁大学选修世界语课的大学生授课。

Jiao Xiyang gvidas fakultativan Esperanto-kurson en la Liaoning-a Universitato.

在上世纪 80 年代，安徽大学是安徽培养世界语人才的基地，此为该校世界语进修班举行开学典礼。

En la okdekaj jaroj de la pasinta jarcento, la Anhui-a Universitato estis bazo por kulturi esperantistojn en Anhui-Provinco. La foto prezentas la inaŭguron de Esperanto-kurso por progresantoj en la universitato.

1964 级北京广播学院世界语班的学生毕业时与学校老师冯文洛（前排左五）、陈世德（左四）合影留念。

Venlo Fon (la 5-a de maldekstre en la unua vico) kaj Zensto (la 4-a de maldekstre) kun siaj gestudentoj de la Esperanto-kurso en la Pekina Brodkasta Instituto, kiuj eniris en la instituton en 1964

北京广播学院 1989 级世界语班的学生与李士俊老师（二排右三）在一起合影留念。

Laŭlum (la 3-a de dekstre en la dua vico) kun siaj gestudentoj de la Esperanto-kurso de la Pekina Brodkasta Instituto, kiuj eniris en la instituton en 1989

中国传媒大学 2001 级世界语班部分学员毕业合影。

Parto de la diplomitiĝintaj gestudentoj de la Esperanto-kurso de la Ĉina Komunika Universitato, kiuj eniris en la universitaton en 2001

李威伦老师为中国传媒大学 2001 级世界语班学生授课。

Prof. Li Weilun donas lecionon al gestudentoj de la Esperanto-kurso de la Ĉina Komunika Universitato, kiuj eniris en la universitaton en 2001.

中国传媒大学 2006 级世界语班学生在上课。

Gestudentoj de la Esperanto-kurso de la Ĉina Komunika Universitato, kiuj eniris en la universitaton en 2006

1989 年 10 月，高等院校世界语教学研究会在苏州召开成立大会。

En oktobro 1989 la Societo pri Instruado de Esperanto en Superaj Lernejoj fondiĝis en Suzhou.

1989 年亚洲世界语教学研讨会在南京召开。

En 1989 okazis en Nankino la Azia Seminario pri Instruado de Esperanto.

1988 年 8 月，中国世界语刊授学校在北京举办第三期学习班。

En aŭgusto 1988, la Ĉina Koresponda Esperanto-Instituto funkciigis sian trian Esperanto-kurson en Pekino.

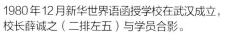

1980 年 12 月新华世界语函授学校在武汉成立，校长薛诚之（二排左五）与学员合影。

En decembro 1980, fondiĝis la Koresponda Esperanto-Lernejo Xinhua. Jen la lernejestro Xue Chengzhi (la 5-a de maldekstre en la dua vico) kun gelernantoj.

1983 年淮南世界语函授学校召开成立二周年纪念会，与会同志合影留念。

En 1983 la Huainan-a Koresponda Esperanto-Lernejo celebris sian 2-jariĝon.

自学成才的世界语诗人、残疾青年毛自富，1995 年获得国际世界语协会文学竞赛"新人才奖"，1997 年获得国际世界语协会格拉波夫斯基美文学奖，1999 年获得中华全国世界语协会"文学奖"。

Handikapa junulo Mao Zifu kiu memlernis Esperanton estas poeto. Li gajnis la premion "Nova Talento" en la literatura konkurso en 1995, Grabowski-premion en 1997 kaj Literaturan Premion de ĈEL en 1999.

多年来内蒙古包头市田家炳中学将世界语列为选修课，还邀请外国世界语者为学生授课，这是学习课堂。

De multaj jaroj Tianjiabing-Mezlernejo de Baotou de Interna Mongolio funkciigas fakultativan Esperanto-kurson kaj ankaŭ invitis alilandajn esperantistojn por doni lecionon.

江苏省镇江市宝塔路小学学生们在与法国莫蒂尔市的世界语者进行视频交流。该校一直坚持在小学生中推广世界语。

La Elementa Lernejo de Baotalu de Zhenjiang, Jiangsu-Provinco interparolas per skajpo kun franca elementa lernejo de Moûtiers. Tiu elementa lernejo longe persistas en instruado de Esperanto.

宝塔路小学世界语老师史雪芹因开展中法小学生世界语视频交流活动取得成绩，获得莫蒂尔市和泉城市的荣誉勋章。这是 2011 年她在泉城市领奖后与市领导交谈。

Shi Xueqin (Neĝeta, meze), instruistino de la Esperanto-kurso en la Elementa Lernejo de Baotalu, gajnis la urban honoran medalon de Moûtiers kaj Fontaine pro la Esperanta skajpa interfluo inter ĉinaj kaj francaj elementaj lernejanoj. Jen ŝi interparolis kun la urbestro de Fontaine post sia akcepto de la medalo en 2011.

山西省太原柏杨树街小学一直坚持开设世界语课，这是世界语班的小学员们。

La Elementa Lernejo de Baiyangshu-Strato de Taiyuan en Shanxi-Provinco longe persistas en instruado de Esperanto. Jen geknaboj de la Esperanto-kurso.

李威伦教授（后排右）一直热心少儿世界语教学，这是他与北京永泰小学的"外语宝贝们"。

Prof. Li Weilun (dekstre en la posta vico) ĉiam fervore instruadas Esperanton al geknaboj en infanĝardenoj. Jen li kaj liaj lernantetoj de la Elementa Lernejo de Yongtai en Pekino.

7 世界语图书的出版
Eldono de Esperantaj libroj

60多年来中国外文出版社、中国世界语出版社出版了大量世界语图书，其品种之多、内容之丰富创中国世界语运动历史之最。据统计，建国后中国出版的世界语书籍达 500 多种。世界语图书内容涵盖了政治、经济、教育、科学技术、文化艺术、社会生活、中国基本知识、世界语教材、词典、读物等方面内容。这些图书发挥了世界语在科技、文化交流中的作用，也为国内世界语者学习、应用世界语提供了丰富的学习资料。

《毛泽东选集》（1-4卷）世界语译本成为中国世界语者的珍藏。

La kvarvolumaj *Elektitaj Verkoj de Maŭ Zedong* en Esperanto fariĝis trezora kolektaĵo por ĉinaj esperantistoj.

1978年7月《毛泽东选集》和《毛泽东诗词选》翻译组的主要成员在北京友谊宾馆留影。

La ĉefaj membroj de la tradukista grupo de la *Elektitaj Verkoj de Maŭ Zedong* kaj *Poemoj de Maŭ Zedong* fotiĝis en la Pekina Amikeca Hotelo en julio 1978.

介绍中国历史和现状的图书
Libroj pri la historio kaj nuntempo de Ĉinio

En la pasintaj pli ol 60 jaroj post la fondiĝo de la nova Ĉinio, la Ĉina Fremdlingva Eldonejo, la Ĉina Esperanto-Eldonejo k. a. eldonis pli ol 500 titolojn de Esperantaj libroj, kaj ili estas plej enhavoriĉaj kaj plej multnombraj en la historio de la ĉina Esperanto-movado. La Esperantaj libroj temas pri politiko, ekonomio, edukado, sciencoj, teknologio, kulturo kaj artoj, socia vivo, fundamentaj scioj pri Ĉinio, inkluzive de Esperantaj lernolibroj, vortaroj kaj legolibroj. Ili ludis sian rolon en la kultura kaj scienca interfluo inter Ĉinio kaj fremdaj landoj kaj ankaŭ estas riĉa materialo por la lernantoj kaj praktikantoj de Esperanto en Ĉinio.

各种世界语课本
Diversaj lernolibroj de Esperanto

世界语语法书籍
Parto de la eldonitaj libroj pri Esperanta gramatiko

各种世界语词典
Diversaj Esperanto-vortaroj

各种世界语读物

Diversaj Legolibroj

介绍世界语诗词格律的书籍和网络论文集

Libroj pri poetiko kaj kolektoj de artikoloj en interreto

介绍柴门霍夫和世界语历史的书籍

Libroj pri D-ro Zamenhof kaj la historio de Esperanto

有关中国世界语运动史的书籍

Libroj pri la ĉina Esperanto-movado

中国四大古典文学名著世界语版

La kvar famaj ĉinaj klasikaj romanoj en Esperanto

　　引人注目的是，中国四大古典文学名著《红楼梦》、《水浒传》、《三国演义》、《西游记》也被译成世界语出版，进一步丰富了世界语文学宝库，促进了中外文化交流，其中《红楼梦》由国际世界语学院院士谢玉明翻译完成，后三部由同是国际世界语学院院士的李士俊翻译完成。

　　Estas rimarkinde, ke ankaŭ la kvar famaj ĉinaj klasikaj romanoj *Ruĝdoma Songo, Ĉe Akvorando, Romano pri la Tri Regnoj* kaj *Pilgrimo al la Okcidento* estas esperantigitaj kaj eldonitaj. Ili pliriĉigis la Esperantan literaturan trezorejon kaj akcelis la kulturan interfluon inter Ĉinio kaj la aliaj landoj. *Ruĝdoma Songo* estis tradukita de akademiano Xie Yuming, kaj akademiano Laŭlum esperantigis la aliajn tri romanojn.

李士俊（右一）因翻译中国三大古典文学名著等中国著作获中国翻译协会授予的"翻译文化终身成就奖"。

Laŭlum (la 1-a de dekstre) gajnis la premion por dumviva kontribuo en traduka kulturo de la Ĉina Tradukista Ligo pro sia traduko de la tri famaj klasikaj romanoj kaj aliaj ĉinaj verkoj.

中国国际广播电台世界语部译审谢玉明用十多年时间把《红楼梦》译成世界语。

Xie Yuming, prof-tradukisto kaj akademiano de la Esperanta Sekcio de la Ĉina Radio Internacia esperantigis la klasikan romanon *Ruĝdoma Songo* dum pli ol dek jaroj.

《鲁迅小说集》、《中国文学作品选（1919-1949）》、《中国文学作品选（1949-1979）》、《中国诗歌选译》等一批文学著作的出版，为中国文学走向世界做出了贡献。

La eldono de la literaturaj verkoj *Noveloj de Lusin*, *Ĉina Antologio (1919-1949)*, *Ĉina Antologio (1949-1979)* , *El Ĉina Poezio* kaj aliaj ĉinaj literaturaj verkoj faris kontribuon por prezenti al la mondo la ĉinan literaturon.

鲁迅的作品被译成世界语，受到世界语者的欢迎。

Esperantigitaj verkoj de Lusin estas ŝatataj de la esperantistaro.

被译成世界语的各种中国文学作品

Ĉinaj literaturaj verkoj esperantigitaj

毛泽东诗词和许多古典诗歌以及现代诗歌都被译成世界语。

Poemoj de Mao Zedong kaj multaj aliaj antikvaj kaj nuntempaj poemoj estas esperantigitaj.

《论语》、《孙子兵法》的世界语译本

Esperantaj versioj de *Analektoj de Konfuceo* kaj *La Militarto de Sun Zi*

张闳凡主编的《世界语汉语大词典》和王崇芳编撰的《汉语世界语大词典》

La *Esperanto-Ĉina Vortaro* kompilita ĉefe de Honfan kaj la *Granda Vortaro Ĉina-Esperanta* kompilita de Wang Chongfang

《世界语汉语大词典》（张闳凡主编）、《汉语世界语大词典》（王崇芳编著）的问世，显示了中国世界语者在语言方面的实力和水平。此外，从中央到地方的许多出版社以及世界语协会和函授学校也出版了一百多种世界语书籍、教材、读物，更好地满足了世界语读者的需要。

La eldono de la *Esperanto-Ĉina Vortaro* kompilita sub la gvido de Honfan kaj la *Granda Vortaro Ĉina-Esperanta* kompilita de Wang Chongfang montras la kapablon kaj lingvan nivelon de la ĉinaj esperantistoj. Kaj multaj eldonejoj, E-societoj kaj korespondaj Esperanto-lernejoj en diversaj lokoj eldonis pli ol cent specojn da Esperantaj lernolibroj kaj legolibroj por kontentigi la bezonon de lernantoj de Esperanto.

王崇芳用十多年时间编著了《汉语世界语大词典》。

Wang Chongfang kompilis dum pli ol 10 jaroj la *Grandan Vortaron Ĉinan-Esperantan*.

张闳凡（右）因主编《世界语汉语大词典》获文化部颁发的"老有作为"奖。

Honfan (dekstre) gajnis la premion por maljunaj kontribuantoj de la Ĉina Kultura Ministerio pro sia kompilado de la *Esperanto-Ĉina Vortaro*.

8 互联网推动中国世界语运动的发展
Interreto antaŭenpuŝas la ĉinan Esperanto-movadon

自 2000 年开始，一批世界语网站应运而生，许多世界语者在网上还开辟了自己的博客。这些网站和博客在传播世界语运动的信息、交流世界语运动的经验、宣传、推广和应用世界语、提高世界语的知名度以及中外文化交流等方面都发挥了重要的作用。

2001 年，《中国报道》世界语网络版（http://www.espero.com.cn/）创建，网络版在保持原《中国报道》印刷版的社会性、文化性和世界语特色的同时，增强了时效性，扩大了信息量。

《中国报道》世界语网络版设有新闻、编读往来、世界语园地、社会、文化、经济、人与自然、科技教育、饮食文化等十几个栏目，同时在不同时期推出各种重点专题，如："两会"、2008 年北京奥运、2010 上海世博会、汶川地震、历届国际世界语大会等。

《中国报道》世界语网络版自创办以来，不断进行改版，加大信息量，提高内容的可读性和实效性，逐渐成为国外世界语者了解中国的窗口和世界语者学习研讨语言的园地。

《中国报道》世界语网络版精华本

Espero.com.cn estas papera eldonaĵo de la reta *El Popola Ĉinio*.

《中国报道》世界语网络版首页（2012 年 7 月 11 日截图）

La ĉefpaĝo de la reta *El Popola Ĉinio* en la 11-a de julio 2012

Ekde 2000, naskiĝis nombro da Esperantaj retejoj kaj multaj esperantistoj malfermis sian blogon. Ili ludas gravan rolon en informado pri Esperanto-movado, interŝanĝo de spertoj, propagando, disvastigo kaj apliko de Esperanto, kaj kultura interfluo internacia.

En 2001, fondiĝis la retejo de *El Popola Ĉinio* (http://www.espero.com.cn/), kiu konservas la enhavon pri socio, kulturo kaj Esperanto de la papera eldono kaj plialtigis sian aktualecon kaj plimultigis siajn informojn.

La reta *El Popola Ĉinio* havas pli ol dek rubrikojn nome: "Novaĵoj", "Inter Ni", "Esperantujo", "Socio", "Kulturo", "Ekonomio", "Homaro kaj Naturo", "Scienco kaj Eduko" kaj "Kuirarto" k. a. kaj en malsamaj periodoj publikigis specialajn artikolojn kiel ekzemple raportoj pri la sesioj de la Tutlanda Popola Kongreso kaj la Ĉina Popola Politika Interkonsiliĝa Konferenco, la Olimpikoj de Pekino en 2008, la Ŝanhaja Monda Ekspozicio en 2010, la tertremo en Wenchuan, la UK-oj k. a.

Depost sia fondiĝo, la retejo de *El Popola Ĉinio* senĉese reformas sian aspekton, multigis la informojn kaj altigis la aktualecon kaj legindecon, kaj iom post iom ĝi fariĝis fenestro de alilandaj esperantistoj por koni Ĉinion, ĝardeno por lerno kaj studo de Esperanto kaj informejo de la ĉina registaro pri Ĉinio.

中国报道杂志社社长兼总编辑、中华全国世界语协会副会长陈实全面负责世界语工作。

Chen Shi, estro kaj ĉefredaktoro de *El Popola Ĉinio* kaj vicprezidanto de ĈEL

中国报道杂志社领导班子与世界语网络部全体成员合影。

La estraro de *El Popola Ĉinio* kaj membroj de la Esperanta Sekcio de la redakcio

中国报道杂志社副总编、中华全国世界语协会常务理事赵珺主管《中国报道》世界语网络和中华全国世界语协会工作。

Zhao Jun, vicĉefredaktoro de *El Popola Ĉinio* kaj membro de la konstanta komitato de la Ĉina Esperanto-Ligo, respondecas ĉefe pri la retejo de *El Popola Ĉinio* kaj la laboro de ĈEL.

世界语网络部主任苏漪军 2010 年采访中国人民政治协商会议第十一届全国委员会第三次会议。

Su Yijun, estrino de la Esperanta Sekcio de *El Popola Ĉinio*, raportis pri la Tria Sesio de la Dekunua Ĉina Popola Politika Interkonsiliĝa Konferenco en 2010.

2011 年 5 月，世界语网络部副主任陈吉（右二）采访湖北省世界语协会举行的世界语学术研讨会时与外国世界语者合影

En majo 2011, Chen Ji (la 2-a de dekstre), vicestrino de la Esperanta Sekcio de *El Popola Ĉinio*, intervjuis la Esperantan seminarion de Hubei-Provinco kaj fotiĝis kune kun alilandaj geesperantistoj.

世界语网络部记者刘思功（左）1998 年在新疆采访。

Raportisto Liu Sigong (maldekstre) de la Esperanta Sekcio de *El Popola Ĉinio* intervjuis en Xinjiang en 1998.

2010 年 1 月 23 日，世界语网络部记者赵溪在汶川采访。

Zhaoxi, raportisto de EPĈ, intervjuis en Wenchuan en la 23-a de januaro 2010.

世界语网络部翻译张晓彤在主持"世界语新闻播报"视频节目。

Zhang Xiaotong, redaktoro de EPĈ, prezidas la programon "Novaĵoj".

2010 年 6 月世界语网络部翻译王丽华在蒙古召开的第六届亚洲世界语大会上采访亚洲世界语运动协调委员会新主席——日本佐佐木先生。

Wang Lihua, redaktoro de EPĈ, intervjuis s-ron Teruhiro Sasaki, novan KAEM-prezidanton, dum la 6-a Azia Kongreso de Esperanto en Mongolio, junie de 2010.

中国网是国家重点新闻网站之一，它将世界语版列为该网站 10 种文版之一（http://esperanto.china.org.cn/），显示了中国政府对世界语的重视，同时也期盼世界语在国际交流中发挥更好的作用。中国网世界语版设有热点话题、社会生活、经济、自然与环保、文化、科技、体育和世界语消息等十几个栏目。

Ĉina Retejo (http://www.china.org.cn/) estas unu el la ŝtataj informaj retejoj, kiu aplikas Esperanton kiel unu el siaj 10 lingvoj. La Esperanta paĝaro de la retejo (http://esperanto.china.org.cn/) konsistas el pli ol dek rubrikoj, kiel ekzemple "Aktuala Temo", "Socia Vivo", "Ekonomio", "Naturo kaj Mediprotekto", "Kulturo, Scienco kaj Sporto", "E-novaĵoj" k. a.

中国网世界语版首页
（2012 年 7 月 11 日截图）
La ĉefpaĝo de la *Esperanto.china.org.cn* en la 11-a de julio 2012

中华全国世界语协会也在互联网上开辟了自己的阵地。

La Ĉina Esperanto-Ligo malfermis sian retejon (www.chinareports.org.cn/zhsx/).

中华全国世界语协会副秘书长王瑞祥负责协会和网站的工作。

Wang Ruixiang, vicĝenerala sekretario de ĈEL, respondecas pri la laboro de la ligo kaj ĝia retejo.

中华全国世界语协会秘书处工作人员合影。

Laborantoj de la Ĉina Esperanto-Ligo

2002 年 5 月 1 日，中国国际广播电台世界语部开始了互联网的在线广播（网址是：http://esperanto.cri.cn/）。从此各国的世界语者不再受时间、地域的限制，随时可以收听来自北京的声音。目前，国际在线世界语网已成为中国世界语者与国际世界语者沟通的重要平台，涌现出了《世界语俱乐部》等优秀的个性化品牌栏目。2010 年，中国国际广播电台世界语部创办了视频新闻专题节目《环球扫描》，受到中外世界语者的一致好评。

En la 1-a de majo 2002, la Esperanta Sekcio de la Ĉina Radio Internacia komencis sian brodkaston per interreto (http://esperanto.cri.cn/), kaj de tiam la esperantistoj diverslandaj ne plu estas limigitaj per tempo aŭ regiono por aŭskultado de la voĉoj el Pekino. Nun la Esperanta Versio de ĈRI Surlinie jam fariĝis grava platformo por komunikado de la ĉinaj kaj alilandaj esperantistoj kaj aperis "E-klubo" kaj aliaj bonaj rubrikoj kun sia karakterizaĵo. En 2010, la Esperanta Sekcio de la Ĉina Radio Internacia kreis la specialan videan novaĵprogrameron "Panorame", kiu estas laŭdata de ĉinaj kaj eksterlandaj esperantistoj.

中国国际广播电台世界语在线广播（2012 年 7 月 11 日截图）

La Esperanta Versio de ĈRI Surlinie en la 11-a de julio 2012

中国国际广播电台首席世界语播音员赵建平正在进行网络视频首次播音。

Zhao Jianping, ĉefparolisto de Ĉina Radio Internacia unuafoje parolas por Esperanta Versio de ĈRI Surlinie.

中国国际广播电台世界语部主任王芳，也负责互联网在线广播的工作。

Wang Fang, estrino de la Esperanta Sekcio de Ĉina Radio Internacia estas ankaŭ respondeculino de Esperanta Versio de ĈRI Surlinie.

　　许多省、市世界语组织也建立了自己的网站，如辽宁省丹东市世界语协会的《鸭绿江绿星》网（http://esperanto.ddgcah.cn/）；陕西省延安世界语协会的《延安绿星》网（http://hi.baidu.com/yananlx/home）。此外还有张雪松创办的中国世界语网（http://www.esperanto.cn/）、中国世界语学院创办的中国世界语教学网（http://www.ciesp.cn/jspx.asp）。刘晓哲先生创办的《绿网》（http://verdareto.com/）也受到许多世界语者的欢迎。特别值得推荐的是魏以达教授等人创办的《世界语学习》网（http://www.elerno.cn/），以其内容丰富、排版新颖、世界语水平较高博得越来越多世界语者的青睐。

《世界语学习》网站首页（2012 年 7 月 11 日截图）

La ĉefpaĝo de la retejo Lernado de Esperanto en la 11-a de julio 2012

PENSEO

N-ro **249**

Jul. / 2012

Monata Beletra Revueto en Esperanto
Honorita de Premio Grabowski, 1994

Fondita en 1990;   Enretigita en 1997   la 23-a jaro   http://www.elerno.cn/penseo/penlisto.htm

Anteo (Ĉinujo)

pasio ŝlosita

estas en la domo kun kateno.
eĉ dum vintro ĝi restas ribela.
la instinkto ne komprenas
kio estas ĉelo.

inter la ĉielo dika kaj la tero dura
la volo staras kiel monto elpremita.
ekster la nigra arbaro flugas birdoj senflugilaj.
pulsas ondoj sur nebulo.
ŝvito kaj sango fluas tra la tuboj.
kie kuŝas la valo por savo?
ŝvelo. rompiĝo. putro.
libereco venas ĉe la morto regalema.
ventego pikas la trunkon.
tremo.
folioj ekfalas. kaj neĝo kun akvo.
nudeco montriĝas sub la luno seka.
danke al vermoj vorantaj vermojn,
la vundo fermiĝis.
fajro plue dormu
interne de sako sub nulo.
la travida korpo jam sin metas en kristalon.

Benjameno KRAŬS (Usono)

Post la mondo

Ĉi mondo ne estas la limo de l'vivo;
vi portos eksteren l'animon de vi.
Malgraŭ la projektoj, malgraŭ la motivo
vi trovos vin aŭ kun Diablo aŭ Di'.

Vi alvenas ĝin kvazaŭ la lokomotivo,

—1245—

neniam paŭzante eĉ por la feri'.
Ĝi estas nur via, la prerogativo
sed kial ne haltu, nur por terapi'?

Avertu Diablon pro lia salivo
kun kiu li fiksas la stampon de fi'.
Kaj ja timu Dion pro lia arĥivo
de pekoj, malbonaj faraĵoj de ni.

Ĉi mondo ne estas la fino de tempo
sed nur la komenco de viva printempo.

Mori (Usono)

Se mia nom' estus Ĉelsie

Se mia nom' estus Ĉelsie
kaj Bill estus mia paĉjo
mi povus esti, senmerite
estrarano de grandaj firmaoj
kaj ricevi honorarion
por fari nenion
kaj ĉar neniofarado
estas iomete teda
mi povus , senhezite,
okupi altan postenon
ĉe fama korporacio
kun granda salajro!
Sed ĉar mi ne estas Ĉelsie
kaj Bill ne estas mia paĉjo,
mi ja devas labori…kaj labori

创刊于 1990 年的纯文学期刊《三色堇》，1994 年曾获格拉波夫斯基奖，现在以电子版的形式刊登在《世界语学习》网站上，已出版 250 多期。

La literatura periodaĵo *Penseo* naskita en 1990 gajnis Grabowski-premion en 1994. Ĝis nun ĝi jam aperigis pli ol 250 numerojn kaj aperadas en la Lernado de Esperanto.

Pluraj Esperantaj organizoj de ĉinaj provincoj kaj urboj starigis siajn interretajn staciojn, ekzemple la Verda Stelo de Yalu-Rivero (http://esperanto.ddgcah.cn/) de la Dandong-a Esperanto-Asocio de Liaoning-Provinco, la interreto Verda Stelo (http://hi.baidu.com/yananlx/home) de la Yan'an-a Esperanto-Asocio de Shaanxi-Provinco. Kaj krome Zhang Xuesong starigis la Ĉinan Esperanto-retejon (http://www.esperanto.cn/), kaj la Ĉina Instituto de Esperanto fondis sian retejon (http://www.ciesp.cn/jspx.asp). Ankaŭ la Verda Interreto (http://verdareto.com/) starigita de Liu Xiaozhe estas bonvena al multaj esperantistoj. Aparte rekomendinda estas la Interreto por Lerno de Esperanto (http://www.elerno.cn/) starigita de prof. Wei Yida (Vejdo) k. a. , kiu kun riĉa enhavo, freŝa aspekto kaj relative alta lingva nivelo plaĉas al multaj esperantistoj.

《世界语学习》网站站长魏以达教授，一直致力于世界语的宣传和推广。

La retejo Lernado de Esperanto havas 5 redaktorojn kaj ĝia estro estas prof. Wei Yida. Li sin dediĉadas tutforte al propagando kaj disvastigo de Esperanto.

当代中国的世界语运动
La Nuntempa Ĉina Esperanto-movado

135

9 频繁的国际交往
Oftaj internaciaj aktivadoj

中国世界语界与国际世界语界的联系日益频繁，有利于推动中外文化交流和人民之间的相互了解，也有利于促进世界语运动的发展，中国在国际世界语界也越来越受到重视。1980 年中华全国世界语协会加入国际世界语协会。从 1978 年起中国每年都派出代表团，出席国际世界语大会。巴金、胡愈之、陈原曾先后当选为国际世界语协会荣誉监护委员会委员；李士俊、谢玉明先后当选为国际世界语学院院士；叶籁士、张企程、李士俊被国际世界语协会接纳为终身名誉会员；于涛曾被选为国际世界语协会领导班子成员。更值得中国世界语者自豪的是，在北京举办了第 71 届、第 89 届国际世界语大会，这些会议的成功召开显示了中国世界语者的组织能力，也反映了中国世界语运动在国际世界语界的影响。

1986 年，时任全国人大常委会委员长的彭真亲自担任第 71 届国际世界语大会监护人。

Peng Zhen, prezidanto de la Konstanta Komitato de TPK, estis alta protektanto de la 71-a UK en 1986.

1986 年 7 月第 71 届国际世界语大会在北京举行，2482 人出席大会，是当时在中国召开的最大的国际会议之一。

En julio 1986, okazis en Pekino la 71-a Universala Kongreso de Esperanto kaj 2482 esperantistoj ĝin partoprenis. Ĝi estis unu el la plej grandaj internaciaj kongresoj en Ĉinio en tiu tempo.

与希望同行——世界语运动在中国
ANTAUEN KUN ESPERO —— PRI LA ĈINA ESPERANTO-MOVADO

La ĉiam pli oftaj kontaktoj inter la ĉinaj kaj alilandaj esperantistaj rondoj akcelas la kulturan interfluon inter Ĉinio kaj aliaj landoj kaj interkomprenon de la ĉina kaj alilandaj popoloj kaj la disvolviĝon de la Ĉina Esperanto-movado, kaj Ĉinio estas pli kaj pli atentata de la internacia esperantistaro. En 1980 ĈEL membriĝis al UEA. Ekde 1978, ĝi sendis ĉiujare sian delegacion por partopreni la Universalan Kongreson de Esperanto. Bakin, Hujucz kaj Chen Yuan estis elektitaj kiel membroj de la Patrona Komitato de UEA, Laŭlum kaj Xie Yuming estis elektitaj kiel membroj de la Akademio de Esperanto, Ye Laishi, Zhang Qicheng kaj Laŭlum estis akceptitaj kiel dumvivaj honoraj membroj de UEA, kaj Yu Tao estis elektita kiel estrarano de UEA. Estas pli fierinde, ke Ĉinio gastigis la 71-an kaj 89-an UK en Pekino, kaj la sukcesa aranĝo de tiuj kongresoj montris la organizan kapablon de la ĉinaj esperantistoj kaj la internacian influon de la ĉina Esperanto-movado.

时任国务委员、第 71 届国际世界语大会国家委员会主席黄华在大会开幕式上致辞。

Huang Hua, membro de la Ŝtata Konsilio kaj prezidanto de la Honora Komitato de la 71-a UK, faris paroladon en la inaŭguro de la kongreso.

出席第 71 届国际世界语大会的中外世界语者在长城上。

Kongresanoj de la 71-a UK sur la Granda Muro

137

2004 年，全国人大常委会委员长吴邦国亲自担任第 89 届国际世界语大会监护人。

En 2004, Wu Bangguo, prezidanto de la Konstanta Komitato de TPK, estis la alta protektanto de la 89-a UK en Pekino.

第 89 届国际世界语大会于 2004 年在北京开幕。

Inaŭguro de la 89-a Universala Kongreso de Esperanto en Pekino, 2004

在第 89 届国际世界语大会开幕式上，时任全国人大常委会副委员长许嘉璐（左一）、时任中华全国世界语协会会长谭秀珠（左二）与时任国际世界语协会主席科尔塞蒂亲切交谈。

Xu Jialu (la 1-a de maldekstre), vicprezidento de la Konstanta Komitato de TPK, Tan Xiuzhu (la 2-a de maldekstre), prezidento de ĈEL, kaj Renato Corsetti, prezidento de UEA, en la inaŭguro de la 89-a UK

在第 89 届国际世界语大会期间，举办了"感受中国、魅力北京"展览。开幕式上，时任国务院新闻办公室副主任、中国外文局局长蔡名照致辞。

Okazis dum la 89-a UK la ekspozicio "Konu Ĉinion, vizitu ĉarman Pekinon". Salutparolas en la inaŭguro Cai Mingzhao, vicestro de la Informa Oficejo de la Ŝtata Konsilantaro de Ĉinio kaj estro de la Ĉina Fremdlingva Eldona kaj Distribua Buroo.

第 89 届国际世界语大会期间在北京朝阳公园举行世界语林揭幕仪式。

Inaŭguro de la Esperanta Bosko en Chaoyang-Parko de Pekino dum la 89-a UK

第 89 届国际世界语大会期间世界语者参观北京故宫。

Kongresanoj de la 89-a UK vizitis la Imperiestran Palacon en Pekino.

出席第 89 届国际世界语大会的藏族世界语学员在表演节目。

Tibetaj esperantistoj prezentis programeron en la 89-a UK.

参加第 89 届国际世界语大会的世界语者依依惜别。

Adiaŭo post la 89-a UK

1992 年 8 月第 5 届太平洋地区世界语大会在青岛举行，大会安排了柴门霍夫塑像揭幕仪式。

En aŭgusto 1992, la Kvina Pacifika Kongreso de Esperanto okazis en Qingdao kaj dume inaŭguriĝis la statuo de Zamenhof.

1996 年 8 月第一届亚洲世界语大会在上海召开，韩国著名世界语者李海平（前排左三）出席了大会。

En aŭgusto 1996, la Unua Azia Kongreso de Esperanto okazis en Ŝanhajo. Fama korea esperantisto Hajpin Li (la 3-a de maldekstre en la unua vico) partoprenis la kongreson.

2006 年 5 月第 58 届国际铁路员工世界语大会在上海召开。

En majo 2006, la 58-a Internacia Fervojista Esperanto-Kongreso okazis en Ŝanhajo.

第 88 届国际世界语大会结束后，中国代表团访问位于荷兰鹿特丹的国际世界语协会总部。

Post la 88-a UK, la ĉina delegacio vizitis la sidejon de la Universala Esperanto-Asocio en Roterdamo de Nederlando.

中国外文局常务副局长、中华全国世界语协会第一副会长郭晓勇（右二）在第 88 届国际世界语大会上与柴门霍夫的孙子扎列斯基（右三）及夫人亲切交谈。

Dum la 88-a UK, Guo Xiaoyong (la 2-a de dekstre), konstanta vicestro de la Ĉina Fremdlingva Eldona kaj Distribua Buroo, la unua vicprezidanto de la Ĉina Esperanto-Ligo, interparolis kun Zaleski, nepo de Zamenhof, kaj lia edzino.

2009 年 7 月，陈昊苏（左六）、郭晓勇（左五）、史秋秋（右三）等参加第 94 届国际世界语大会的中国代表团成员在柴门霍夫家乡比亚里斯托克，寻找伟人遗迹。

En julio 2009, Chen Haosu (la 6-a de maldekstre), Guo Xiaoyong (la 5-a de maldekstre), Shi Qiuqiu (la 3-a de dekstre) kaj aliaj membroj de la ĉina delegacio al la 94-a UK en Bjalistoko, naskiĝurbo de L. L. Zamenhof

第 94 届国际世界语大会上，中华全国世界语协会第一副会长郭晓勇（左）会见国际世界语协会主席达什古普达。

La unua vicprezidento de ĈEL Guo Xiaoyong (maldekstre) kun Probal Dasgupta, prezidanto de UEA, en la 94-a UK

第 95 届国际世界语大会上，中国世界语代表团领导郭晓勇（左二）、王锡符（左一）、于涛（右一）与国际世界语协会常务秘书克雷先生合影。

Guo Xiaoyong (la 2-a de maldekstre), Wang Xifu (la 1-a de maldekstre) kaj Yu Tao (la 1-a de dekstre) kun Clay Magalhaes, konstanta kongresa sekretario de UEA en la 95-a UK

1978 年 9 月中国木偶艺术团赴南斯拉夫萨格勒布参加第十一届国际木偶节，获得四项奖，这是演员与外国世界语者合影。

En septembro 1978, la Ĉina Pupteatra Trupo partoprenis la 11-an Pupteatran Internacian Festivalon en Zagrebo, Jugoslavio, kaj gajnis 4 premiojn. Jen membroj de la teatra trupo kaj lokaj esperantistoj.

1981 年 5 月 14 日，北美世界语者访华团一行 16 人在杭州访问。

En la 14-a de majo 1981, 16 esperantistoj de la Delegacio de Norda Ameriko vizitis Hangzhou.

1985 年中国常州、日本高槻两市世界语协会建立友好关系，促进了两市的友好往来。

En 1985, Esperanto-asocio de la ĉina urbo Chang-zhou ĝemeliĝis kun tiu la japana urbo Takatuki kaj tio akcelis la amikan intervizitadon de la du urboj.

1986 年 2 月应德田六郎的邀请，清华大学附小老师王璐和世界语学习班的代表董雪蕾访问日本，与静冈小学世界语班的学生进行了交流。

En februaro 1986, laŭ invito de s-ro Tokuda Rokuro, Wang Lu, instruistino de la Dependa Elementa Lernejo de Tsinghua-Universitato, kaj Dong Xuelei, reprezentantino de ŝia Esperanto-Kurso, vizitis Japanion, kaj ili interparolis kun lernantoj de la Esperanto-kurso de Shizuoka.

1999 年中国世界语者在第二届亚洲世界语大会上表演节目。

Ĉinaj esperantistoj prezentis programeron en la Dua Azia Kongreso de Esperanto en 1999.

2000 年 5 月上海社科联代表团通过世界语者安排访问韩国，在韩国 5 个城市交流演出。

En majo 2000, la Delegacio de la Ŝanhaja Sociscienca Federacio vizitis 5 urbojn de Koreio kaj faris prezentadon dank' al helpo de esperantistoj.

2001 年 11 月 24 日，时任国际世界语协会主席的科尔塞蒂（左五）、副主席李种永（右五）等在北京世界语者叶念先（右六）家作客。

En la 24-a de novembro 2001, R. Corsetti (la 5-a de maldekstre), prezidanto de UEA, kaj Lee Chong-Yeong (la 5-a de dekstre), vicprezidanto de UEA, gastis ĉe pekina esperantisto Ye Nianxian (la 6-a de dekstre).

2001 年日本高槻市世界语者竹内义一（后排左四）与常州市世界语班小学生合影。

S-ro Takeuti Yosikazu (la 4-a de maldekstre en la posta vico), esperantisto el la japana urbo Takatuki, kaj geknaboj de E-kurso en Changzhou en 2001

2007 年 7 月天津世界语者在日本参观古迹姬路城。

En julio 2007, Tianjin-aj esperantistoj en la japana historia loko Himeji

2008 年夏，为庆祝国际世界语协会成立 100 周年，中国世界语者发起在书法画轴上的签名活动。

Somere de 2008, por celebri la 100-jariĝon de la Universala Esperanto-Asocio, ĉinaj esperantistoj lanĉis subskribon sur memoriga rulaĵo. La foto montras pekinajn subskribintojn.

2008 年 5 月，中国报道杂志社李建华（左）应邀参加在立陶宛首都维尔纽斯召开的第一届全球世界语者记者大会，并在大会上以《互联网新技术和世界语运动》为题演讲。这是李建华向维尔纽斯市市长（右二）赠送中国结。

En majo 2008, Li Jianhua (maldekstre) el la redakcio de *El Popola Ĉinio* ĉeestis laŭinvite la Tutmondan Kongreson de Esperantistoj-Ĵurnalistoj en Vilno, ĉefurbo de Litovio, kaj faris prelegon kun la temo "Interretaj Teknologioj kaj la Internacia Esperanto-movado". La foto montras, ke Li Jianhua donacas "ĉinan nodon" al urbestro de Vilno Juozas Imbrasas (la 2-a de dekstre).

2008 年 8 月，黑龙江省世界语者访问韩国时与韩国、荷兰的世界语者一同参观昌德宫。

Esperantistoj de Heilongjiang-Provinco kune kun koreaj kaj nederlandaj geesperantistoj vizitis Changdeokgung-Palacon de Koreio en aŭgusto 2008.

2009 年 9 月中外世界语者在山东枣庄举办的第三届国际世界语节上合影留念。

Ĉinaj kaj alilandaj geesperantistoj en la 3-a Zaozhuang-a Internacia Festivalo de Esperanto de Shandong-Provinco en septembro 2009

2009 年内蒙古世界语协会的世界语者与来访的日本、蒙古国世界语者在一起。

Esperantistoj de Interna Mongolio akceptis esperantistojn el Japanio kaj Mongolio en 2009.

2009 年 12 月第 28 届中日韩青年研讨会在南京举行。

En decembro 2009, la 28-a Seminario de Ĉinaj, Japanaj kaj Koreaj Junuloj okazis en Nankino.

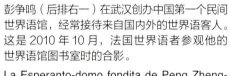

彭争鸣（后排右一）在武汉创办中国第一个民间世界语馆，经常接待来自国内外的世界语客人。这是 2010 年 10 月，法国世界语者参观他的世界语馆图书室时的合影。

La Esperanto-domo fondita de Peng Zheng-ming (la 1-a de dekstre en la posta vico) estas la unua privata Esperanto-domo en Ĉinio. Jen franca samideano en la domo en oktobro 2010.

2011 年国际世界语学术讨论会暨第 16 届湖北世界语学术讨论会在武汉举行。

En 2011, la Internacia E-Konferenco kaj la 16-a Hubei-a Esperanta Seminario okazis en Wuhan.

2011 年夏天，广州世界语协会组织的"广州通天塔旅欧团"一行 18 人，赴欧洲进行了为期一个月的旅行。期间 9 天参加了在布列塔尼地区和昂热地区举办的夏令营。图为团员在昂热世界语城堡与各国世界语者合影。

Somere de 2011, 18 personoj de la Vojaĝ-Grupo de Babelo organizita de la Kantona Esperanto-Asocio faris unumonatan vojaĝon al Eŭropo. Ili partoprenis la someran kunloĝadon en Bretonio kaj Angers dum 9 tagoj. La foto montras ĝiajn membrojn kun diverslandaj esperantistoj ĉe Kastelo de Esperanto proksime al Angers.

由国际世界语教师协会主办的第二届世界语暑期培训班于 2011 年 8 月在天津举行，来自全国的世界语者和教师参加了此次活动。

En aŭgusto de 2011, la Dua Somera Esperanto-kursaro de ILEI-CN okazis en Tianjin kaj ĝin partoprenis esperantistoj kaj instruistoj el diversaj lokoj de Ĉinio.

2011 年 8 月"中日韩蒙世界语教学研讨会"在天津成功召开，与会世界语者就进一步搞好世界语教学，更好地推广世界语交流了经验。

En aŭgusto 2011, la Unua ILEI-Seminario de Esperanto partoprenita de ĉinaj, japanaj, koreaj kaj mongola esperantistoj okazis en Tianjin.

吴国江受国际世界语协会的委托，多年来兢兢业业地编辑《友好城市通讯》。

Komisiite de UEA, Wu Guojiang redaktadas la *Informilon de Ĝemelaj Urboj* dum multaj jaroj.

2012 年 1 月参加海南世界语冬令营讲习班的中外世界语者。

En januaro 2012, partoprenantoj de la vintra Esperanto-kurso en Hainan-Provinco

2012 年，由中华全国世界语协会、中国报道杂志社策划发起的"世界语亚洲年"系列活动在蒙古、越南和韩国相继举行。活动首先在蒙古国乌兰巴托获得圆满成功。

En la jaro 2012, iniciatitaj de la Ĉina Esperanto-Ligo kaj *El Popola Ĉinio*, la serioj da aktivadoj de "Azia Jaro por Esperanto" okazis en Mongolio, Vjetnamio kaj Koreio. Sukcesis la unua aktivado en Ulanbatoro, ĉefurbo de Mongolio.

2012 年 7 月 2 日，中蒙双方嘉宾为"希望的草原"文化艺术节剪彩。剪彩嘉宾（自左至右）分别为：内蒙古自治区新闻办公室主任白玉刚、蒙古国世界语协会名誉会长策登丹巴、中国驻蒙古国特命全权大使王小龙、蒙中友好协会主席姜苍诺罗布、中国外文局副局长陆彩荣和鄂尔多斯市委宣传部副部长谢东平。中国报道杂志社社长兼总编辑、中华全国世界语协会副会长陈实和蒙古国世界语协会会长恩和主持剪彩仪式。

Rilataj ĉinaj kaj mongolaj honoraj gastoj tondis la rubandon en la inaŭguro de la Kultura Festivalo "Esperplena Stepo" en la 2-a de julio 2012. Ili estis (de maldekstre) Bai Yugang, estro de la Informa Oficejo de la Aŭtonoma Regiono de Interna Mongolio de Ĉinio, Samdan Tsedendamba, honora prezidanto de la Mongola Esperanto-Ligo, Wang Xiaolong, ĉina plenrajtigita ambasadoro al Mongolio, N. Jantsannorov, prezidento de la Mongolia-Ĉina Amikeca Asocio, Lu Cairong, vicestro de la Ĉina Fremdlingva Eldona kaj Distribua Buroo, kaj Xie Dongping, vicestro de la Propaganda Sekcio de la Ordos-a Komitato de KPĈ. La ceremonion prezidis Chen Shi (la 1-a de maldekstre), estro kaj ĉefredaktoro de *El Popola Ĉinio* kaj vicprezidanto de ĈEL, kaj Chimedtseren ENKHEE (la 2-a de maldekstre), prezidanto de la Mongola Esperanto-Ligo.

参加"希望的草原"文化艺术节开幕式的部分人员合影。
Partoprenantoj de la inaŭguro de la Kultura Festivalo "Esperplena Stepo"

中国、蒙古、日本和瑞典的世界语者在活动期间举办的世界语论坛上进行交流。

Ĉinaj, mongolaj, japanaj kaj svedaj esperantistoj en la Esperanto-forumo dum la festivalo

中蒙艺术家同台献艺。
Ĉinaj kaj mongolaj artistoj en kuna prezentado

编 后 记

　　上世纪80年代，我负责《中国报道》杂志世界语专栏的工作，也兼任中华全国世界语协会会刊《世界》杂志"世界语消息"的编辑，经常收到各地寄来的世界语活动照片，这些照片注明须退还本人的，在《中国报道》、《世界》杂志刊发以后退还了作者，没有要求的一般就不保留了。我想，如果将这些照片保存下来，将来出版一本中国世界语运动的画册，不是一件很好的事吗？在这一想法的驱使下，我一边积累图片，一边开始搜集建国前的世界语运动资料，计划在将来的某一天，编辑一本中国世界语运动的画册。退休后，我自己有了数码相机，只要有机会参加世界语活动，我便拿起相机记录下一个个令人难忘的瞬间。近年来我还从网上搜集世界语活动和人物的照片。真是功夫不负有心人，经过30年的不懈努力，我所搜集的有关世界语的照片竟然达到上万张，于是才有了今天这本画册的出版。我要感谢中国报道杂志社和中国外文局，因为他们圆了我出画册的梦！

　　以图片的形式系统地记录一百多年来中国世界语运动的历程，在世界语运动史上是没有先例的。从这本画册中，大家既可以见到我国世界语者与祖国同呼吸、共命运，为中国的解放和中华民族的复兴而斗争的光荣历史，也可以了解当代中国世界语运动的概貌；既可以了解先驱者为世界语运动无私无畏的斗争精神和艰难的足迹，又可以感受到后继者英姿勃发的风貌和创新精神。但是由于图片资料的缺失，或因图片的清晰度不好，世界语运动中的许多重要事件和重要人物，没有能收进这本画册，这是我感到非常遗憾的地方。

　　值得欣慰的是，在编辑这本画册的过程中，有幸得到中华全国世界语协会、中国报道杂志社、中国国际广播电台世界语部和各省世界语协会的支持，他们及时地寄来我需要的照片；令我特别感动的是，刘铃、邹国相、祝明义、刘思功、谭秀珠、陈吉、蒋利民、赵溪、胡国柱、彭争鸣、韩祖武、孙明孝、张常生、焦夕洋、刘明辉、魏玉斌、吴国江、孔雷、叶佩学、刘伟壮、李仁芝、贾文德、肖恒刚、汪敏豪、向红、弓晓峰、李士俊、王汉平、迟铁男、袁爱林、张绍基、王天义、刘鸿元、郭少梅、崔海京、赵广周、王彦京等同志也提供了他们自己拍摄或保存的照片，黑龙江省的宋萍女士甚至专程到北京送来许多宝贵的图片资料，同时，已故摄影家蒋齐生拍摄的有关"中国世界语之友会和北京市世界语协会成立大会"的一些照片，使这本画册更加丰富、更加充实。为此，我要向他们说一声"谢谢"。我也要向世界语大师李士俊和谭秀珠女士致意，他们承担了这部书稿的译稿和核稿工作。

这本画册的出版还应感谢李建华同志的努力，他除了提出并上报这一选题、分担"频繁的国际交往"等5个章节的图片选编外，还负责数百张图片的扫描，没有他的努力这本画册也是出不来的。

此外，还要感谢我的老朋友胡国柱，他专门为本书的出版写来了贺联：

百年中华世运，前辈筚路蓝缕，耿耿绿心昭日月；

千秋希望伟业，群贤星汉灿烂，洋洋画卷立丰碑。

我感到特别引以为荣的是：全国政协常委、中华全国世界语协会会长陈昊苏为本画册的出版专门题词；中国外文局局长周明伟为本画册题写了书名；中国外文局常务副局长、中华全国世界语协会第一副会长郭晓勇为本书写了序言，真诚地感谢他们关心和支持本书的出版。

《与希望同行——世界语运动在中国》这本画册是为纪念中华全国世界语协会成立60周年而编辑的，出版的时间正逢世界语诞生125周年，这既是对"希望者博士"柴门霍夫和世界语的纪念，也是对以胡愈之为代表的先驱者的颂扬，更是对年轻世界语者的鼓励和期盼。这本画册的出版只是一个尝试，不足之处望大家指教。我殷切地希望今后还会出版第二册、第三册……，以不断地记录我国"希望者"奋发有为、艰苦奋斗的历程，使我国的世界语运动一代一代地传下去，生生不息。

侯志平

2012年7月

Postparolo de la kompilanto

En la okdekaj jaroj de la pasinta jarcento, kiam mi redaktadis la rubrikon pri Esperanto de *El Popola Ĉinio* kaj kumule redaktis la rubrikon "Novaĵoj pri Esperanto" de *La Mondo*, organo de ĈEL, mi ofte ricevis fotojn pri Esperantaj aktivadoj de diversaj lokoj de Ĉinio. Sed tiuj fotoj devis esti resenditaj al la posedantoj post uzado, kaj la restantaj ne estis konservataj sen apartaj bezonoj. Tiam mi pensis, ke estus bone se oni kompilus albumon kun tiuj fotoj. Kun tiu konsidero, mi komencis kolekti materialojn pri E-movado antaŭ la fondiĝo de la Ĉina Popola Respubliko, kaj planis kompili albumon pri la ĉina Esperanto-movado en la estonto. Post la emeritiĝo, mi havigis al mi diĝitan fotilon, per kiu mi registris la memorindajn momentojn de Esperantaj aktivadoj. En la lastaj jaroj, mi ankaŭ kolektis fotojn pri Esperantaj aktivadoj kaj personoj surrete. Kaj "al sukcesa horo kondukas penlaboro", post 30-jara diligentado mi kolektis pli ol dekmilon da fotoj pri Esperantaj aktivadoj kaj personoj kaj ebligis la eldonon de tiu ĉi albumo. Mi dankas la redakcion de *El Popola Ĉinio* kaj la Ĉina Fremdlingva Eldona kaj Distribua Buroo (ĈFEDB), kiuj realigis mian revon pri eldono de la albumo.

Sisteme prezenti per fotoj la ĉinan Esperanto-movadon kun historio de pli ol cent jaroj estas senprecedente en la historio de Esperanto-movado. En tiu ĉi albumo ni povas vidi la gloran historion de la ĉinaj esperantistoj, kiuj dividis vivon kaj sorton kun la patrolando, bataladis por la liberigo de Ĉinio kaj restaŭro de la ĉina nacio, kaj koni Esperanto-movadon en la nuna tempo, koni la senegoisman kaj sentiman batalspiriton kaj malfacilan paŝadon de la pioniroj de Esperanto-movado kaj la vivecon kaj iniciatemon de la daŭrigantoj de la afero. Estas bedaŭrinde, ke mankas al tiu ĉi albumo fotoj pri multaj gravaj okazaĵoj kaj personoj de Esperanto-movado en Ĉinio pro perdiĝo aŭ troa malklareco de fotoj.

Estas ĝojinde, ke dum kompilado de la albumo, mi feliĉe akiris subtenon de la Ĉina Esperanto-Ligo, la redakcio de *El Popola Ĉinio*, la Esperanta Sekcio de la Ĉina Radio Internacia kaj diversaj provincaj E-organizoj, kiuj ĝustatempe alsendis al mi bezonatajn fotojn. Estas aparte kortuŝe, ke gesamideanoj Liu Ling, Zou Guoxiang, Zhu Mingyi, Liu Sigong, Tan Xiuzhu, Chen Ji, Jiang Limin, Zhao Xi, Hu Guozhu, Peng Zhengming, Han Zuwu, Sun Mingxiao, Zhang Changsheng, Jiao Xiyang, Liu

Minghui, Wei Yubin, Wu Guojiang, Kong Lei, Ye Peixue, Liu Weizhuang, Li Renzhi, Jia Wende, Xiao Henggang, Wang Minhao, Xiang Hong, Gong Xiaofeng, Laŭlum, Wang Hanping, Chi Tienan, Yuan Ailin, Zhang Shaoji, Wang Tianyi, Liu Hongyuan, Guo Shaomei, Cui Haijing, Zhao Guangzhou, Wang Yanjing k. a. havigis al mi fotojn faritajn aŭ konservitajn de ili, kaj s-ino Song Ping de Heilongjiang-Provinco eĉ speciale veturis al Pekino por porti al mi multajn valorajn fotojn kaj materialojn. Mi ankaŭ uzis valorajn fotojn faritajn de fotisto Jiang Qisheng pri la fondiĝo de la Ĉina Societo de Amikoj de Esperanto kaj la Pekina Esperanto-Asocio, kiuj pliriĉigis la albumon. Mi esprimas dankon al ili. Mi dankas ankaŭ la Esperantan majstron Laŭlum kaj sinjorinon Tan Xiuzhu, kiuj plenumis la esperantigon kaj kontroladon de la teksto de la albumo.

Mi devas danki ankaŭ samideanon Li Jianhua, kiu krom propono de eldono de la albumo al supera instanco, elektado kaj kompilado de la fotoj pri "Oftaj internaciaj aktivadoj" kaj aliaj 4 paragrafoj, li ankaŭ skanis centojn da fotoj, kaj sen lia penlaboro ne eblas la eldono de tiu ĉi albumo.

Krome, mi ankaŭ devas danki mian malnovan amikon Hu Guozhu, kiu skribis versojn speciale por tiu ĉi albumo:

Penadas verdkoraj veteranoj/ jarcente por Esperanto/per ĉina prominento,
Pri granda afero de Espero/la albumo rolas kiel/ impona monumento.

Estas granda honoro por mi, ke Chen Haosu, membro de la Tutlanda Komitato de Ĉina Popola Politika Interkonsiliĝa Konferenco kaj prezidanto de la Ĉina Esperanto-Ligo, speciale manskribis vortojn por tiu ĉi albumo, Zhou Mingwei, estro de ĈFEDB, manskribis la titolon de la albumo kaj Guo Xiaoyong, konstanta vicestro de ĈFEDB kaj la unua vicestro de ĈEL, verkis antaŭparolon por la albumo. Mi sincere dankas ilin pro ilia prizorgo kaj subteno al la eldono de la albumo.

La eldono de la albumo *Antaŭen kun Espero – pri la Ĉina Esperanto-movado*, okaze de la *125-a datreveno* de naskiĝo de Esperanto, estas memorigo pri doktoro Zamenhof kaj Esperanto kaj glorigo pri la ĉinaj pioniroj de Esperanto reprezentataj de Hujucz kaj kuraĝigo kaj espero al la junaj esperantistoj. La eldono de la albumo estas nur provo kaj mi petas ke la legantoj montru al mi la mankojn en ĝi. Mi sopire atendas la aperon de la dua, tria... albumoj por senĉese registri la bravan kaj penan bataladon de la ĉinaj esperantistoj, ke la ĉina Esperanto-movado senĉese disvolviĝu generacion post generacio.

Hou Zhiping
Julie de 2012

图书在版编目（CIP）数据

与希望同行：世界语运动在中国：世界语汉语对照 / 侯志平主编；李士俊译

北京：外文出版社，2012

ISBN 978-7-119-07426-9

Ⅰ.①与… Ⅱ.①侯… ②李… Ⅲ.①世界语 - 语言史 - 中国 - 画册 Ⅳ.① H91-092

中国版本图书馆 CIP 数据核字 (2011) 第 265963 号

总 顾 问：陈昊苏　周明伟

顾　　问：郭晓勇　黄友义　齐平景　陆彩荣

编 委 会：史秋秋　于　涛　陈　实　李红杰　黄泽存　侯志平　赵建平　王锡符　赵珺　罗先勇

主　　编：侯志平

副 主 编：李建华

翻　　译：李士俊

译文核稿：谭秀珠

责任编辑：苏漪军　李建华

装帧设计：方　健

与希望同行（汉世）

侯志平 主编

ⓒ 2012 外文出版社

出版发行：外文出版社

地　　址：中国北京百万庄大街 24 号

邮政编码：100037

网　　址：http://www.flp.com.cn

电　　话：008610-68320579（总编室）
　　　　　008610-68995928（世界语编辑部）

制　　版：北京大盟文化有限公司

印　　刷：北京华联印刷有限公司

开　　本：大 1/24　印张：6.75

版　　次：2012 年第 1 版　第 1 次印刷

书　　号：ISBN 978-7-119-07426-9

定　　价：128.00 元（平装）